COMO NOS TORNAMOS PROFESSORAS?

Roseli A. Cação Fontana

COMO NOS TORNAMOS PROFESSORAS?

3ª edição
1ª reimpressão

autêntica

Copyright © 2000 by Roseli A. Cação Fontana

CAPA
Jairo Alvarenga Fonseca
[sobre desenho a lápis "Cabeças futuristas"
(Elisabeth, 1913) de August Macke)]

EDITORAÇÃO ELETRÔNICA
Waldênia Alvarenga Santos Ataíde
Luiz Gustavo Maia

REVISÃO
Cilene de Santis

Todos os direitos reservados pela Autêntica Editora. Nenhuma parte desta publicação poderá ser reproduzida, seja por meios mecânicos, eletrônicos, seja via cópia xerográfica, sem a autorização prévia da Editora.

AUTÊNTICA EDITORA LTDA.
Rua Aimorés, 981, 8º andar. Funcionários
30140-071. Belo Horizonte. MG
Tel.: (55 31) 3222 6819
Televendas: 0800 283 13 22
www.autenticaeditora.com.br

F679c	Fontana, Roseli A. Cação Como nos tornamos professoras ? / Roseli A. Cação Fontana. – 3. ed.; 1. reimp. – Belo Horizonte : Autêntica Editora, 2010. 208 p. ISBN 978-85-86583-74-2 1. Educação. 2. Formação de professores. I. Título. CDU: 37 371.13

Para minha mãe, que está nas origens
da história que aqui se conta.

Para Antonieta, Deise, Maria do Carmo,
Maria Lúcia e Vera Helena — mulheres, professoras —
personagens e co-autoras dessa história.

E também para Cláudia, Denise, Juliana
e Lisandra, que dela participaram.

A todas nós,
muitas que somos,
dispersas e anônimas no cotidiano desse nosso ofício;
à história que temos construído no nosso silêncio
de mulheres e na nossa solidão de professoras;

ao medo mudo,
à desconfiança dolorida,
à clandestinidade imposta,
que aprendemos nas nossas relações de trabalho.

A essa nossa resistência sutil e fugaz,
apesar de tudo.

A nossas esperanças,
brilho cego de paixão e fé,
que, sem alarmes,
deixam-se adivinhar sobreviventes,

oferecemos este trabalho.

Agradecimentos

Pela paciência, carinho e colaboração:
Luís, meu marido e companheiro,

Beto e Rafa, meus filhos.

Pela orientação e confiança: Ana.

Pela amizade e apoio: Bel, Carminha,
Cláudio, Dade, Maria do Carmo,
Maria Helena e Regina.

Pela compreensão, presença e interlocução
sempre enriquecedora:
Ivone e Nazaré.

Pela leitura atenta e pela aventura do
trabalho conjunto que ora iniciamos:
Ana Flávia, Andréia, Daniele e Marissol.

Pela revisão preciosa: Onice.

Pelo companheirismo, incentivo e pelo muito que me têm
ensinado, na nossa relação de professora e alunos:
Adriana Couto, Celisa, Daniela Aroni, Elisângela, Érica,
Fabiana, Fernanda Victor, Heloyse, Ivan, Jane,
Kátia, Luciana Ribeiro, Luciana Zanirato,
Lucimeire, Mariângela, Maria Tereza, Midori, Mileine,
Monica Martin, Patrícia Figueiredo, Renata, Roberta,
Rozeli, Simone, Simone Franco, Tania Alves e Tania Magalhães.

Sumário

Prefácio à terceira edição 13
Palavras iniciais 15

**Entre fantasmas e espelhos:
professores na pesquisa educacional recente** 17

"Como é que o senhor, eu, os restantes
próximos, somos, no visível?" 19

A composição de um personagem:
o professor progressista: de especialista a dirigente 23

"Em que espelho ficou perdida a [nossa] face?" 26

Ainda entre espelhos... Um novo olhar
sobre os professores e professoras 30

*No espelho a nossa (emudecida)
condição de mulheres — as relações de gênero* 31

*Na imagem desdobrada, aspectos de nossas
relações com o conhecimento* 38

*Nos fragmentos do cotidiano,
a experiência vivida e as representações* 41

*Por entre as histórias de vida — aspectos da constituição
recíproca entre o eu pessoal e o eu profissional* 48

Por entre as imagens refletidas,
as concepções de sujeito em jogo 52

Para além dos espelhos: comunidade de destinos... 61
Da dialética dos espelhos à autoconsciência.................... 63
Um modo de aproximação: a produção
de sentidos na dinâmica das interações...................... 70
A construção da relação de confiança........................ 73

Tornar-se professora: história e memória............. 81
O jogo.. 83
1º lance: dom ou sorte? 83
2º lance: nem dom, nem sorte – história 84
3º lance: na história, a mulher 84
4º lance: vocação ou aprendizado? 92
5º lance: adesão/identificação 97
6º lance: a escolha tem determinantes 99
7º lance: escolha ou aprendizado? 108
8º lance: aprendizado com o outro 113

No jogo: diversidade e unidade.................................122

Praxis e *poiesis*: as relações da professora com seu ofício..127
Trabalho e subjetividade..129
Reflexões e refrações do "ser professora"
no registro do trabalho...140

Considerações finais..179
Quem somos?...181

Notas..185

Referências..201

Prefácio à terceira edição

O que se escreve tem história e faz história.
Como nos tornamos professoras? foi, originalmente, a expressão de um desejo: o de compreender (mais do que explicar) os processos por meio dos quais tem se constituído o "ser profissional" em mulheres professoras.

Nascido das experiências vividas e sentidas por mim, como professora e entre professoras, esse desejo, convertido em questão, tornou-se o eixo de uma pesquisa que foi sendo construída e compartilhada, ao longo de dois anos, com um grupo de seis mulheres professoras que se reuniam, semanalmente, para estudar Vygotsky e discutir a prática pedagógica cotidiana em suas condições de produção no interior da escola.

Na dinâmica interativa e discursiva que foi sendo tecida entre nós, guiadas pelas reflexões de Vygotsky, Bakhtin e Politzer acerca da subjetividade e dos processos de singularização, flagramos – pesquisadora e sujeitos – indícios dos íntimos processos de apropriação e de elaboração, em que o papel social de professora produzia-se em cada uma de nós, entremeados às histórias por nós narradas, às discussões que estabelecíamos com os textos que estudávamos, aos relatos e às convicções que compartilhávamos.

Reuni esses fragmentos e com eles tracei os meandros da constituição de nosso "ser profissional", apoiada nas categorias de drama (conceito elaborado por Politzer e assumido por Vygotsky) e de dialogia (conceito formulado por Bakhtin).

A pesquisa realizada materializou-se em um texto. Registrado e organizado por mim, esse texto, desde seus primeiros esboços, teceu-se com as vozes, experiências, intenções e desejos de minhas interlocutoras imediatas no processo da pesquisa, e teve, como leitoras imaginadas, outras tantas mulheres professoras, a quem supunha portadoras de histórias singulares mas, em muitos aspectos, semelhantes às nossas. Assim sendo, ainda que carregado das intenções e desejos meus, o texto produzido não foi só meu, desde sempre. Os sujeitos da pesquisa e as leitoras projetadas não só mediaram sua escrita, como estão presentes em seus enunciados.

Pronto, o texto que registrei desgarrou-se definitivamente de mim, entregando-se aos leitores, condição mesma de sua realização como texto. E, a partir desse ponto, há toda uma história de leituras instauradas e mediadas por ele, da qual apenas recolho indícios e notícias fragmentárias, com os quais teço suposições e fantasias.

Alguns de seus leitores comentam sobre o livro comigo em encontros ocasionais e fugidios. Chegam-me notícias esparsas de que o livro foi escolhido como texto para uma disciplina, que se tornou referência para alguns estudos no campo da formação, que "virou" leitura obrigatória em concursos públicos para o cargo de professor. Sentidos diversos e motivações de leitura tão distintas, seguramente, o desdobram em tantos outros sentidos. Quais???

O editor, de modo mais sistemático, informa-me da vendagem, mapeia sua circulação e, diante das possibilidades de uma nova edição, indaga-me acerca do que gostaria de rever, de modificar em sua escrita primeira. A pergunta surpreende-me.

Por que modificá-lo e como, se de sua história sei apenas o começo?

Por que modificá-lo e como, se, considerado no seu encontro com os leitores, quando os significados de que é portador vão ao encontro dos sentidos, experiências e palavras que os constituem, o texto original, a cada leitura, é o mesmo e já outro? O mesmo, no sentido de que significados intencionados, quando de seu registro, são reconhecidos, reafirmados. Outro, na medida em que possibilidades de sentidos, nem sequer cogitadas, também são nele reconhecidas e com ele produzidas.

Pensando na ambigüidade que sua condição de linguagem lhe confere, e em seu caráter de inconclusão, visto que, apesar de datada, a escrita não se imobiliza, refazendo-se como produção e circulação de sentidos pela leitura, preferi acrescentar-lhe apenas este prefácio em que compartilho, com você, caro leitor, um pouco de minha relação com este livro e meus agradecimentos por sua acolhida.

Roseli A. Cação Fontana

Palavras iniciais

Mais um estudo sobre professoras?

É que eu já nasci entre elas e vivi a escola antes mesmo de ser aluna. Filha de professora, sobrinha de professoras, cresci vendo-as às voltas com a preparação de aulas, com os cadernos por corrigir, ouvindo-as desfiar os dilemas da profissão.

Até os seis anos de idade, morava numa casa que ficava ao lado do grupo escolar onde minha mãe lecionava. Sentada na soleira da porta da cozinha, eu via e ouvia a professora, que ocupava a última sala do corredor, junto à lousa, à mesa, à cadeira. Ela acabou me alfabetizando, sem que o soubéssemos...

Entre as recordações, ficaram guardados, também, o burburinho que vinha da sala onde as professoras de escolas isoladas eram reunidas mensalmente, os encontros nas filas do Banco do Estado e, ainda, os boletins de freqüência, os diários, os concursos de remoção, as figuras temidas dos inspetores e dos delegados de ensino, o cansaço nos olhos de minha mãe e seu pungente sentimento de desvalorização, ao longo de seus trinta e um anos de magistério...

Tentei fugir à sina. Passei por um curso de Ciências Sociais, em que prodigiosos intelectuais de finas e imaculadas mãos atadas recitavam denúncias e explicações estruturais e conjunturais para a sociedade em que vivíamos... Aprendi muito. Elaborei outros modos de olhar para o vivido. Mas carregava uma angústia: entre o falar e o fazer, o analisar e o agir existia um buraco. Como transpô-lo?

Encontrei Paulo Freire. *A educação como prática da liberdade*. O conhecimento nascendo da reflexão sobre o fazer e sendo por ela alimentado. Redimensionei os sentidos de que a palavra "educação" estava revestida, até então, para mim. Passei a entendê-la como prática histórico-cultural de constituição do humano. Vislumbrei possibilidades e acolhi, finalmente, a professora que, há tempos, me espreitava. No trabalho e pelo trabalho temos nos constituído reciprocamente.

Como professora entre professoras, vi nascerem em mim a inquietação e o desejo de estudar, de perto, os processos pelos quais tem-se constituído, em nós, nosso "ser profissional", na rede móvel e multifacetada de relações sociais (que são relações de poder) por nós vividas.

Qual o significado e como se tem elaborado em nós a personagem (função social) professora, produzida na trama das multideterminações do processo histórico-cultural, constituindo-a como prática e modo de ser do indivíduo (como nossa subjetividade)?

Dentre os significados de que nossa profissão se reveste no imaginário social, quais deles (e como?) objetivam-se, permanecem e mudam em nós? Que condições sociais de produção, que tradições e contradições têm mediado sua elaboração, sua permanência e mudança em nós?

Memória e projeto. Subjetividade e história. Tudo isso em jogo no desejo de compreender o tecer da própria vida, pois, como escreveu Borges, na *História da eternidade*:

> sem um espelho delicado e secreto do que passou pelas almas, a história universal é tempo perdido, e nela nossa história pessoal — o que incomodamente nos torna fantasmas.[1]

No entanto, entre fantasmas e espelhos vale lembrar o alerta de Guimarães Rosa (como as palavras de Borges, mas sob um ângulo distinto, que também nos coloca diante do dilema/debate acerca das relações entre o indivíduo e a história), de que

> o espelho são muitos, captando-lhe as feições; todos refletem-lhe o rosto, e o senhor crê-se com aspecto próprio e praticamente imudado, do qual lhe dão imagem fiel. Mas — que espelho? Há-os "bons" e "maus", os que favorecem e os que detraem; e os que são apenas honestos, pois não. E onde situar o nível e ponto dessa honestidade ou fidedignidade? Como é que o senhor, eu, os restantes próximos, somos, no visível?"[2]

Entre fantasmas e espelhos:
professores na pesquisa educacional recente

> Não somos as missionárias — às vezes conseguimos nos lembrar disso — não somos lindas e chiques, não somos boazinhas, não demos e não daremos conta de salvar a Humanidade ("Sem educação não há salvação"), sequer a humanidade dos alunos e de nós mesmas. Não somos o que o discurso religioso ou o discurso moderno nos ensinou que deveríamos ser. E se não somos isso e se não temos nenhum reconhecimento social (para não falar em salário) disso que somos dia-a-dia, concretamente, quem somos nós afinal? Todo mundo ajuda a construir uma certa imagem... mas quem mora nela somos nós.
>
> Eliane Marta Teixeira Lopes — *De Helenas e de professoras*

"Como é que o senhor, eu, os restantes próximos, somos, no visível?"

Diante da produção científica recente sobre a atividade docente, também temos nos feito, como professores e professoras, essa indagação. Entre o muito que tem sido dito e escrito sobre nós e o muito que se tem planejado e proposto a nós, têm-se revelado muitas faces de nossa atividade profissional. Faces nem sempre harmônicas. Faces nem sempre agradáveis de encarar. Faces em que, muitas vezes, não nos reconhecemos...

Assim como crianças que, surpresas e inquietas, nos parques de diversão, jogam com o secreto desejo humano de brincar com a própria imagem na sala dos espelhos, temos vivido o jogo ambivalente de identificação e de afastamento diante das faces que nos têm sido devolvidas pelos relatos de investigação e pelos projetos de intervenção produzidos sobre e/ou a partir de nossa atividade, segundo perspectivas teórico-metodológicas diversas.

Na sala dos espelhos, entre aqueles que alongam o corpo, que o encurtam, que nos tornam imensos ou nos assemelham às esguias figuras do pintor Modigliani, vivemos o jogo, distraídos e admirados, diante de nossa própria imagem desdobrada e destorcida. Em nossos múltiplos, há traços que permanecem em meio aos que se rompem... Mas é tudo um jogo que nos permite brincar com o possível, com a surpresa de sermos nós mesmos e o nosso desconhecido, entre risos e tensão. O jogo acaba ao deixarmos a sala e, por mais surpreendente e revelador que possa ser, nós o vemos pelo prisma da ambigüidade — não é real, é só uma brincadeira.

Diante de nossas faces documentadas cientificamente, também nos surpreendemos. Ora nos defrontamos com aspectos das professoras que temos sido e que temos produzido, que nos ajudam a interpretar o vivido; ora nos deparamos com uma professora fictícia, idealizada, à qual nos procuram ajustar, convertendo-nos em uma máscara, o que torna impossível ver nossa face; ora o reflexo da nossa própria fisionomia ao espelho é-nos negado. (*Imagem minha, onde está você?*[1] — murmuramos aflitas).

Diferentemente do jogo na sala dos espelhos, as faces produzidas pela pesquisa científica, ainda que ambíguas, são consideradas "coisa séria". Como portadoras do estatuto de explicação (de saber sistematizado), elas não só integram, junto a outros modos de significação derivados de outras instituições e esferas da vida social, o ideário acerca de nossa profissão como orientam as políticas de formação, mediatizando a elaboração dos critérios de observação, de análise e de julgamento com que nossa prática é olhada por nós e por nossos "outros".

Vivendo os efeitos produzidos por esse jogo de olhares (e de juízos), seja como aceitação, submissão ou como resistência, habitamos essas "faces", conferindo-lhes vida, materialidade, tornando-as parte constitutiva "do ser professor(a)" em nós. Por isso, adentrá-las, inquiri-las de perto é também uma forma de nos aproximarmos dos professores e professoras que temos sido.

Vamos tomar como referência temporal a década de 80. Segundo Antonio Nóvoa,[2] essa data reveste-se de importância porque marca uma virada na pesquisa educacional em todo o mundo, trazendo os professores para o centro da investigação e dos debates educativos.

A partir do pós-guerra, destaca Nóvoa —, ancorado em grande número de estudos e de análises acerca do percurso evolutivo da investigação pedagógica no século XX —, nós, professores, fomos colocados em segundo plano nos projetos de pesquisa educacional, tanto como personagens (determinantes) da dinâmica educativa, seja como participantes da produção do conhecimento sistematizado acerca do nosso próprio fazer.

Sob o impacto do crescente processo de racionalização e uniformização do ensino, resultante do ideário tecnicista em implantação no cotidiano escolar, estudos teóricos e empíricos, baseados no paradigma da análise de sistemas (dominantes na década de 60), buscaram estabelecer o melhor método de ensino a partir do controle, *a priori*, dos efeitos aleatórios e imprevisíveis do ato educativo, abordando-o apesar do professor.

A leitura tecnicista não só reduziu a atividade docente a suas competências técnicas como abriu caminho para utopias que pretendiam (e pretendem) substituir os professores por máquinas, ampaçando nossa própria continuidade como profissionais. "A transposição dessa atitude do plano científico para o plano institucional", analisa Nóvoa, "contribuiu para intensificar o controle sobre os professores, favorecendo seu processo de desprofissionalização", e fortaleceu, na dimensão pessoal, "a crise de identidade dos professores", ao impor "uma separação entre o eu pessoal e o eu profissional."[3] De uma outra perspectiva, continua ele, os estudos da reprodução (já na década de 70), ao pretenderem produzir uma análise crítica do papel social da escola no contexto da sociedade capitalista, com base nos estudos de Althusser, acabaram por favorecer uma leitura esvaziadora das possibilidades de alcance político-transformador da atividade escolar, fazendo pesar sobre nós a acusação de apenas contribuirmos para a reprodução das desigualdades sociais, o que, em certo sentido, fortaleceu as propostas de educação não-formal e de extinção da escola, acusada, então, de gerar estruturas burocráticas incontornáveis.

Convertidas em figurantes sem voz na pesquisa e na prática educativa, vimos nossa face esfumar-se ante nossos atônitos olhos, tal qual a menina de tranças, que numa manhã, procurando-se no espelho, para tecê-las, não encontrou a própria imagem.

> A luz de prata, cega, nada lhe devolvia. Nem traços, nem sombra, nem reflexos. Inútil passar um pano no espelho. Inútil passar as mãos no rosto. Por mais que sentisse a pele sob os dedos, ali estava ela como se não estivesse, presente o rosto, ausente o que do rosto conhecia.[4]

Na década de 80, voltamos à cena. Se por um lado, o interesse crescente pela qualidade da escola, já no contexto dos projetos de modernização neoliberais, impulsionou o desenvolvimento de práticas institucionais de avaliação, multiplicando as instâncias de controle sobre o trabalho docente, por outro, impulsionou também o interesse pelo estudo de nossa atividade, de nossas condições de trabalho e de nossos processos de formação básica, favorecendo o aparecimento de projetos e pesquisas voltados para o papel de professor(a).

O mesmo se deu no campo das análises críticas. No Brasil, particularmente, os anos 80 representaram um momento importante na retomada dos estudos sobre a atividade docente. No bojo do processo de redemocratização da sociedade brasileira, a crítica ao reprodutivismo favoreceu a emergência das pedagogias críticas, que resgatavam o papel do professor e da escola e dos professores na dinâmica social.[5]

Ancoradas em um referencial teórico-metodológico marxista, as pedagogias críticas procuraram explicitar as insuficiências e falácias do projeto liberal na democratização do acesso à escolarização formal e suas conseqüências políticas, propondo-se, em alguns casos, a traçar caminhos para a construção de uma educação escolar comprometida com as classes populares.[6]

Em seus esforços de análise e de anúncio, a reflexão das pedagogias críticas voltou-se para a atividade docente, denunciando o processo de desprofissionalização imposto aos professores e delineando um perfil de professor progressista que pudesse, em contraposição ao perfil do professor liberal (conservador), servir de guia aos processos de formação e de atuação dos educadores.

Para tanto procuraram analisar como essa categoria, que se erige em corpo profissional sob o aval e controle do Estado a partir do século XIX, heterogênea do ponto de vista de suas origens e composição social, marcada por um processo de feminização e de proletarização acentuado ao longo do século XX, desprovida de capacidade de organização política autônoma e cuja atividade "se torna uma ocupação de massa alcançando uma legitimidade que talvez nenhuma outra instituição tenha alcançado na sociedade moderna",[7] poderia vir a constituir-se como categoria profissional comprometida com a justiça social e a cidadania.

Nesse exercício, centraram-se mais na análise das características que deveria reunir "o bom professor", do que na análise do próprio movimento cotidiano em que os professores produziam sua prática e eram também produzidos por ela, na rede móvel e multifacetada de relações de poder que objetiva situações sociais, formaliza modos de sociabilidade e constrói subjetividades. Mesmo porque o cotidiano era antevisto como a negação do projeto histórico que se pretendia impulsionar.

Reproduzindo a tipologia elaborada no plano da teoria pedagógica, muitos estudos empíricos, naquele momento, procuraram dar visibilidade aos perfis genéricos de professor — o liberal e o progressista (nossos outros fictícios, imaginados) — por meio do estabelecimento de aproximações e distanciamentos entre eles e os professores singulares estudados.

Um marco de referência, nesse tipo de produção, foi o estudo de Guiomar Namo de Mello[8] sobre as representações da prática docente por professoras de 1º Grau. Este trabalho está na base de vários estudos, inclusive recentes, sobre a formação, a prática e a "identidade" dos professores.[9]

A composição de um personagem: o professor progressista — de especialista a dirigente

Assumindo a tese de que a educação escolarizada realiza a função política a ela intrínseca, numa dimensão transformadora, se garantir às crianças das classes populares a apropriação do saber escolar, rompendo com a evasão e a retenção, que marcam maciçamente sua passagem pela escola, Guiomar realizou um estudo empírico-analítico sobre as representações da prática docente por professoras de 1º Grau do Estado de São Paulo.

Sua análise dessas representações evidenciou o processo de mascaramento da falta de competência profissional (domínio de habilidades e técnicas especializadas) e de compromisso político na esfera do trabalho docente, pela conotação de afetividade e de doação a ele conferida.

"Quando não se sabe o que fazer, ama-se. Este seria o princípio norteador", destaca ela, "do senso comum e da prática do magistério",[10] para o qual contribuiria, em muito, a representação social dessa carreira como própria para a mulher. Afirma que "a condição feminina é um dos elementos que garantem a perpetuação do senso comum, no qual predominam o amor, a vocação e a ausência de profisssionalismo".[11]

Diante dessas constatações, Guiomar destacava como ponto crítico de um projeto educacional progressista a capacitação profissional das professoras, entendida como saber fazer, como domínio do conteúdo do saber escolar e dos métodos adequados para transmiti-los às crianças, assumindo a tese de que a função política da educação cumpre-se pela mediação da competência técnica. Ao adquirir a competência técnica, a professora também ganha condições de perceber, dentro da escola, os obstáculos que se opõem a sua atuação competente. "A competência técnica inicia o processo de sua transformação em vontade política", permitindo que se explicite à professora o sentido político da sua própria prática profissional, que passa a ser, para ela, uma forma de agir politicamente.

O papel social do professor, que se destaca no trabalho de Guiomar, é o de dirigente (especialista+político).

> Foi por esse caminho que consegui *ler* um tipo de movimento possível na prática docente, cuja direção vai do *especialista* ao *dirigente*, passando da técnica-trabalho à técnica-ciência e à concepção humanista histórica, sem a qual se permanece especialista e não se chega a dirigente (especialista+político).[12]

A visão do educador dirigente foi retomada pelos trabalhos de cunho teórico metodológico de Betty Oliveira e Newton Duarte.[13] Segundo ambos,

> não basta que a ação especificamente pedagógica seja realizada porque ela já seria política *em si*. É preciso que ela seja intencionalmente questionada e o mais profundamente compreendida possível, para que, ao ser elaborada e realizada, se torne uma ação política também *para si*.[14]

Nessa perspectiva, os fins a atingir constituem a fonte para a elaboração de formas adequadas de realizá-los. A intencionalidade da ação pedagógica passa pela elaboração metódica dessa ação:

> é necessário que o educador, alerta a todos esses mecanismos inerentes à produção do pedagógico (e dificilmente perceptíveis), *programe intencionalmente* as condições de ensino de modo a, ainda nele mesmo, ir se efetivando (também intencionalmente) a dimensão política intrínseca a esse pedagógico. O educador, nesse caso, *precisa ter uma visão sintética*, mesmo que precária, de todo o processo de transmissão/assimilação do saber elaborado, de suas múltiplas implicações dentro desse processo e também de suas múltiplas implicações nas demais instâncias sociais da prática social do indivíduo. Os resultados que possivelmente se verificarão nestas demais instâncias fogem ao chamado "controle" do educador. No entanto, os resultados que se dão já na sala de aula podem ser verificados, analisados, controlados, etc, de modo a se assegurar o mais possível uma ação pedagógica intencionalizada.[15]

A identificação dos fins, assumem Beth e Newton, implica imediatamente a competência política e mediatamente a competência técnica, enquanto a elaboração dos métodos para atingir os objetivos implica imediatamente a competência técnica e mediatamente a competência política.

Saber fazer político-pedagógico, competência técnico-política, sistematização, intencionalidade, planificação, controle... Educadores dirigentes. A concepção de professores progressistas delineada caracterizava-se pela "crença" na transparência (explicitação e clareza) e na coerência da ação autônoma e intencionalmente organizada do indivíduo: os professores progressistas "devem apresentar-se como sujeito de sua ação", como sujeitos conscientes de seu papel social, "devem ter" objetivos claros (conscientizar o educando possibilitando-lhe a apropriação do saber sistematizado como passos para sua emancipação) e "devem ter competência técnica" para conduzir sua ação na direção desses objetivos. Essa necessária competência crítica e racional é o que lhes permite uma ação ordenada e identificável em favor da transformação social. Eles definem, eles planejam, eles dirigem, eles controlam sua ação, seu dizer, tornando-se visíveis em suas intenções e objetivos. Apesar de socialmente determinados, os professores progressistas têm o poder (autonomia e, logo, responsabilidade) de compreender e lutar. Inteligibilidade total.

Super-homens? Mulheres-maravilha? Diante do professor-sujeito, assim idealizado e racionalizado, nós, professoras e professores, em atuação e em formação, perguntávamos angustiados por que caminhos chegaríamos a perceber "o que é dificilmente perceptível na produção do pedagógico":

> Veja, antes eu não falava de dialética, de prática social. Com você, com as leituras eu fui aprendendo isso... Mas eu preciso que você me diga se o que eu estou fazendo, se este exemplo de problematização que a nossa área elaborou está certo ou errado? É por aí?[16]
>
> É tanta coisa! Os professores falam em transformação da sociedade, em tarefa política do educador! Tudo tão grandioso! E chega lá no estágio, o que a gente vê?! Dá um desânimo! Nós terminamos o ano passado muito desanimadas, parecia que tínhamos que carregar o mundo nas costas para sermos professoras![17]

Embora essas indagações pudessem soar aos teóricos como recusa, conformismo, alienação, incompreensão, no fundo elas punham a nu a aura idealista de que se revestia nossa face naquele espelho, porque o conhecimento entendido como processo que se realiza entre indivíduos em condições sociais de produção específicas e multideterminadas, e não como algo que vem pronto, requer tempo, envolve a elaboração das atividades em que estamos envolvidos e a nossa própria transformação, assim como a das formas de conhecer a que temos acesso.[18]

Por isso nossas perguntas pelos processos que propiciariam a nossa própria transformação e a transformação das formas de conhecimento a que tínhamos acesso; nossas indagações acerca dos processos de constituição, em nós, da compreensão crítica da realidade, da ação intencional, da visão sintética, da consciência... Particularmente, como mulheres-professoras, também nos questionávamos acerca do fatalismo de nossa condição feminina na "perpetuação do senso comum".

"Em que espelho ficou perdida [nossa] face?"[19]

Tal qual a menina de tranças, que buscando sua face ao espelho não a encontrava, novamente não nos víamos. Não teríamos nós, formas, rosto, "evidência física"?[20]

Na busca de respostas, nós nos defrontávamos com estudos empíricos que, tendo como parâmetros o professor progressista (professor-sujeito) e o professor liberal delineados, estabeleciam comparações entre esses perfis e o trabalho cotidiano observado, apagando, na e pela comparação, os processos pelos quais estávamos efetivamente nos constituindo, em favor do como deveríamos ser.

Para apontar os ajustes necessários a um trabalho docente "politicamente correto", esses estudos apresentavam, ora de modo explícito e sistematizado, ora de modo difuso, propostas metodológicas genéricas e de caráter normativo, carregadas de "deve ser" e de "é necessário" que, por entre as quais não encontrávamos os caminhos que poderiam aproximar o que éramos do que deveríamos ser, pois sequer identificávamos aquilo que éramos.

A sensação em muitas de nós era a de estranhamento, vagando entre dois modelos idealizados, apresentados como mutuamente excludentes e preexistentes ao reflexo produzido no espelho. Na análise complexa e refinada da constituição social das relações escolarizadas, ancorada em macro-conceitos como poder, opressão, autoridade, Estado, luta de classes, alienação etc., convertidos em suportes de condicionantes estruturais, nem sempre nos reconhecíamos. Também não reconhecíamos naquelas análises os embates e as contradições, a dinâmica e a diversidade por nós vividas nas situações imediatas e cotidianas de sala de aula.

Um resultado de tais operações foi a homogeneização e o congelamento do trabalho pedagógico cotidiano, descrito como uma rotina rigidamente padronizada e burocratizada, marcada por uma leitura de viés liberal das relações sociais e pela culpabilização do aluno pelo fracasso escolar, da qual nada escapava ou se diferenciava. Outro resultado desses modos de dizer "o ser professor" foi a reafirmação de nossa inadequabilidade às propostas pedagógicas derivadas das teorias educacionais de cunho progressista. Em relação à análise do nosso processo de profissionalização, fomos apresentados — professoras e professores — como um grupo profissional marcado pelo ceticismo generalizado, pela recusa das obrigações e avaliações, pelo corporativismo, pela incompetência e descompromisso, oscilando entre a resistência à mudança e a adesão superficial aos modismos em voga.

Tais referências acabaram contribuindo para a imagem de uma categoria profissional inscrita na ordem social a partir do negativo: "sem competência técnica, sem consciência e compromisso políticos", sem "identidade profissional".

Assim, contraditoriamente ao desejo de caracterizar/anunciar "o bom professor e sua prática", esse modo de aproximação acabou servindo mais às práticas institucionais de avaliação (a volta a formas do mesmo que se queria superar...) do que à discussão e ao re-conhecimento do processo de constituição, no trabalho, do saber fazer e do modo de ser — em movimento — dos próprios professores. Dialética às avessas...

Convertidas em fantasmas — fantasmas da falta e do conformismo — ficamos a jogar um estranho jogo de "ampliar o ilusório, mediante sucessivas novas capas de ilusão."[21]

Da mesma forma que os perfis do "professor liberal" e do "professor progressista" mediatizavam, de forma explícita ou não, nossa constituição como professores(as), também outras categorizações e "rótulos" como o "professor técnico", o "professor reprodutor", o "professor conscientizador", o "professor bancário", o "professor tradicional", o "professor construtivista" etc., próximos e/ou opostos entre si, portadores de índices de valor social (e portanto de poder) distintos, passaram a fazer parte do nosso jogo de máscaras, interpelando-nos como professores(as), interpelando-nos como sujeitos.

Nesse estranho jogo de ampliação do ilusório, no entanto, as máscaras não se ajustavam às faces. A dinâmica latejante da vida produzia rachaduras na lógica com que se tentava revesti-la, evidenciando elementos que escapavam à homogeneidade que as definições abstratas, e na aparência generalizáveis, da função docente sugeriam.

Na materialidade das relações cotidianas onde indivíduos reais vinham se fazendo professores e professoras, entre os muitos papéis e lugares sociais que ocupavam nos grupos e instituições a que pertenciam, borravam-se os contornos dessas dicotomias. A professora militante, muitas vezes tomada como o protótipo da professora politicamente consciente de seu papel social, era, por vezes, aquela que assumia posturas corporativistas, individualistas, autoritárias e acabava por afastar-se de muitos de seus companheiros. Outras vezes, a militância nas associações e sindicatos da categoria não se coadunava com o trabalho em sala de aula, junto ao aluno, arranhando de alguma maneira os compromissos do intelectual orgânico.

Por outro lado, a professora acusada de conservadora por causa dos métodos utilizados para ensinar, ou por alfabetizar usando a cartilha, muitas vezes o fazia por não conhecer ou por não saber como conduzir junto aos alunos novas alternativas de trabalho... Ao pedir que lhe ensinassem como trabalhar, recebia, como resposta, a reprimenda de que "não há receitas"... Receitas são coisas do tecnicismo...

Nas situações cotidianas, o trabalho pedagógico, como um conjunto de práticas integradas e estáveis, caracterizadas por um ritual, cujos papéis, os modos de ação e os valores são regidos por regras sociais que têm existência coletiva e que, por isso mesmo, o distinguem de outras práticas sociais, não se eximia das condições sociais imediatas em que era produzido, multiplicando-se em possibilidades e contradições nem sempre esperadas e/ou explicáveis a partir das dicotomias com que se estava operando.

Assim, o fato de estarmos diante de um professor ou de uma professora, de um (ou de uma) jovem profissional recém- formado(a), ou de alguém às vésperas da aposentadoria, o fato desses profissionais trabalharem (ou não) por necessidade, o fato de serem parte (ou não) da comunidade com quem (onde) trabalhavam, implicavam diferenças quanto aos modos de elaboração da condição profissional, quanto às formas como as relações de trabalho — as determinações, os controles, a hierarquia, a presença do Estado — eram vividas. A condição de raça, numa sociedade racista como a nossa ("Você já teve uma professora negra?" — pergunta-nos Eliane Marta T. Lopes),[22] também fazia diferença. Além disso, a própria relação de ensino, articulando num mesmo processo e espaço o professor e um conjunto de alunos de origens e histórias diversas, em condições de produção também variáveis, multiplicava a diversidade.

Tal qual o personagem de Rosa, que diante dos dois espelhos de um lavatório de edifício público: "— um de parede, o outro de porta lateral, [que] aberta em ângulo propício — faziam jogo", assusta-se com sua própria imagem, e sai a procurar-se por detrás de si mesmo — "à tona dos espelhos, em sua lisa, funda lâmina, em seu lume frio"[23] — chegando, com espanto, ao completo não ver-se, os estudos sobre os professores também passaram por um deslocamento.

A questão do como ler as ambigüidades e contradições que os fragmentos do cotidiano traziam (e trazem) à tona conduziu esses estudos à busca de um outro modo de olhar para a atividade docente.

Relata o personagem de Rosa: "Sendo assim, necessitava eu de transverberar o embuço, a travisagem daquela *máscara*, a fito de devassar o núcleo dessa nebulosa — a minha vera forma. Tinha de haver um jeito. Meditei-o. Assistiram-me seguras inspirações". "(...) era principalmente no *modus* de focar", diz ele, "que eu tinha de agilitar-me..."[24]

Tratava-se de um *"modus* de focar", que sem a preocupação de enquadrar a ação e os dizeres dos professores e professoras nos modelos abstratos previamente estabelecidos, possibilitasse uma aproximação do movimento em que eles (professores e professoras) produziam sua prática e eram também produzidos por ela e a apreensão de indicadores do seu desenvolvimento profissional (e pessoal), em sua generalidade e singularidade. Por aí enveredaram as pesquisas, trazendo à tona, em seu esforço, as indagações acerca do papel dos sujeitos em transformação na produção e transformação da sociedade.

Ainda entre espelhos... Um novo olhar sobre os professores e as professoras...

As discussões referentes à subjetividade e sua constituição, *silenciadas*[25] nos estudos sobre a educação, sobretudo a partir da década de 70, em nome da busca de superação do psicologismo e do mascaramento ideológico por ele produzido, agora, afloradas, punham em questão aquelas análises que, centradas nas estruturas da sociedade e nos seus processos globais, perdiam de vista a dinâmica dos processos de constituição e transformação dos indivíduos no cotidiano. (Quanta vida silenciada!)

Buscando nos debates travados acerca das relações entre cotidiano e história, individualidade e sociedade, individualidade e marxismo, bases teóricas para apurar esse novo modo de abordagem, essas discussões resgataram teses que desde os anos 20 já antecipavam essa temática.

A compreensão do cotidiano como espaço de experiências e também como uma construção histórica foi possível através de Luckács, Agnes Heller, Thompson, entre outros. A centralidade das representações como forma de dialetizar o saber e sua relação com a vivência, sem excluí-la, foi discutida por Lefebvre. A rediscussão do sujeito como construção histórica foi viabilizada por Foucault, Deleuze, Benjamin, Adorno, Lacan, Bakhtin, Vygotsky. Todos esses teóricos passaram a influenciar as leituras da problemática do professor no cotidiano da sociedade contemporânea, destacando-lhe outros componentes e nuances.

Desse deslocamento, que começa a se esboçar já na década de 80, resultaram diversos estudos que se situaram no ponto de confluência entre os modos de ser do indivíduo e da sua cultura.

Apesar de fundamentados em princípios teórico-metodológicos distintos, passando pela Psicanálise, pela História do Cotidiano, pelas abordagens cognitivistas, pelas questões de gênero, pela Análise do Discurso, pela Filosofia etc., eles focalizaram, de modo mais ou menos explícito, aspectos do desenvolvimento profissional e pessoal dos professores, revelando nuances das nossas relações com nosso próprio trabalho, com o conhecimento, com os alunos, com nossos pares, com nossos superiores hierárquicos, com a feminização do magistério, entendida "não apenas como uma expressão que permite falar da invasão de uma certa profissão — o magistério — por um certo sexo — o feminino —, mas também de uma certa maneira — feminina — de encarar e de exercer o magistério."[26]

Seu mérito: jogar luz sobre a materialidade de nossa atividade, que nos constitui como professoras e nos apresenta como sujeitos, multiplicando/desdobrando a nossa imagem produzida.

No espelho a nossa (emudecida) condição de mulheres — as relações de gênero

Apesar do magistério, sobretudo na educação pré-escolar e nas séries iniciais do 1º Grau, ter-se convertido, neste século, em uma profissão eminentemente feminina, durante muito tempo nas pesquisas educacionais o corpo docente foi focalizado como assexuado. As questões pertinentes à formação, ao exercício profissional da atividade docente e às relações que se estabelecem na sala de aula e na escola, sempre referidas no masculino genérico — "o professor" — eram analisadas sob a ótica de um ordenamento masculino do mundo, configurando uma profissão neutra do ponto de vista do gênero.

Inicialmente, a preocupação com a feminização do magistério recebeu um tratamento estatístico e constatativo da presença da mulher na hierarquia e funcionamento dos sistemas de ensino, explicado a partir de uma perspectiva mais ampla da divisão sexual do trabalho nas sociedades capitalistas.[27]

No rastro desses estudos, vieram outros que, aproximando-se da dinâmica da feminização do magistério nas relações intra-escolares, descreveram como sua principal característica a ausência de profissionalismo da mulher e como conseqüência a resistência às transformações educacionais.[28]

Embora a crítica a uma condição social dada — a ausência de profissionalismo entre as profissionais de educação — fosse sua inspiração inicial, tais estudos mantiveram-se na constatação e, por meio dela, na reafirmação dessa mesma condição, na medida em que, ecoando, mais do que criticando, as relações de gênero dominantes, que relacionam o homem ao espaço público, lugar das decisões políticas, da vida profissional, e a mulher ao privado, doméstico, familiar, acabaram por cindir a professora em (no mínimo) duas personagens distintas "que não deveriam se misturar": a profissional e a mulher (mãe, esposa, dona de casa etc).

Assim, o fato de apontarmos, numa pesquisa sobre a identidade do professor de 1º Grau[29], como nossos principais interesses a família, os filhos e o magistério e como habilidades que executamos com desenvoltura a culinária, o crochê, o bordado, a tapeçaria junto ao lecionar e ao alfabetizar, foi interpretado (e duramente criticado) como um indicador de que nós, mulheres-professoras, colocamos em primeiro plano, em nossas vidas, os papéis de mulher/esposa/dona de casa.

No entanto, de outra ótica, que levasse em consideração que o papel de professora vai se constituindo em nós misturado à nossa vida de meninas, mulheres, filhas, irmãs, esposas, mães, com suas práticas, rituais, fazeres e afazeres, desejos, medos, aspirações e frustrações, modos de dizer e de silenciar, que são histórica e socialmente construídos e que trazem consigo, implicitamente, os modos de ser masculinos, já que são vividos de forma relacional,[30] uma outra leitura caberia: a da busca do significado histórico das práticas sociais que envolvem homens e mulheres hoje, vivendo numa sociedade caracterizada pela "destotalização da experiência individual".[31]

Discutindo a vida cotidiana nas sociedades urbano-industriais, Gilberto Velho destaca como algumas de suas características fundamentais a fragmentação de papéis, a heterogeneidade das experiências vividas e a destotalização da experiência individual. Em nossa sociedade, aponta ele, a vida social e a cultura se dão em múltiplos planos, em várias realidades que estão referidas a níveis institucionais distintos. No cotidiano, estamos sempre transitando por entre esses diversos planos e sistemas explicativos, na medida em que "desempenh[amos] uma multiplicidade de papéis em 'mundos' muitas vezes física e espacialmente separados."[32]

Nesse jogo, reinterpretamos e rearticulamos aspectos dos papéis que vivemos sem afetar outras dimensões de nossa experiência. Essas reinterpretações e rearticulações não são arbitrárias, nem individuais. Elas têm uma característica social, mas não conduzem necessariamente a uma articulação global, nem precisam ser lógicas. Rearticulações parciais, com respeito às maneiras de conceber a sociedade e o próprio lugar dentro dela, ocorrem e podem ser ou não transpostas a outros planos, como também podem ou não aguçar as contradições entre os vários planos. A repercussão social dessas mudanças parciais pode ser de maior ou menor intensidade, dependendo de sua força política.

Teresa P. do Rio Caldeira,[33] em estudo realizado em 82, na periferia da cidade de São Paulo, deu um belo exemplo dessas mudanças parciais que caracterizam o funcionamento de sociedades como a nossa, que estão "o tempo todo produzindo novos discursos e práticas, novas articulações".[34] Ela constatou que, embora as mulheres entrevistadas por ela concordassem com a tradição de que mulher e política são duas coisas que não se devem misturar, e com base nisso se negassem a comparecer às reuniões do núcleo do PT existente no bairro, elas participavam ativamente de movimentos organizados para reivindicar da Prefeitura a construção de uma creche.

"Pode-se então perguntar", destaca a autora, "o que explica o aparente paradoxo de a participação ativa das mulheres ter-se dado apesar do discurso que separa mulher de política e sem nele repercutir."[35] Ancorada na análise de Gilberto Velho, ela reconstruiu historicamente a articulação produzida naquela situação concreta, evidenciando que as mulheres participavam politicamente "sem mexer na desarticulação tradicional de mulher e política",[36] por meio da reinterpretação de seu papel de mães.

Aquelas mulheres, aponta Caldeira,

> não viam o menor problema em reivindicar creches e postos de saúde, nem em comparecer a reuniões com estes objetivos, pois estavam interpretando tudo isso como 'trabalhar para o bem de meus filhos'. Foi como mães responsáveis que puderam abandonar suas casas e invadir o gabinete do prefeito, do mesmo modo que o fato de serem mães permite que saiam mais facilmente de casa para 'enfrentar' o mundo da rua e trabalhar."[37]

Ou seja, o discurso que estava legitimando e articulando a participação das mulheres não era o da cidadania política, mas sim um outro que alargava o seu papel mais tradicional — o de mãe —, reinterpretando-o. Assim, o discurso vinculado à atuação nesse movimento corresponde a mudanças na representação tradicional do papel da mulher, ainda que não haja uma mudança na percepção de seu papel político ou mesmo na percepção do seu papel no mercado de trabalho.

Cindidas em nossa unidade não-lógica, nem coerente, de mulheres-professoras, tivemos nossos dizeres e fazeres descritos e interpretados em si, mas não explicados na dinâmica de sua gênese. A nossa, assim denominada, face boazinha — fusão ingênua de amor, vocação e doação — foi descrita e explicada em seus determinantes estruturais, mas não compreendida (como multiplicidade e incoerência) no seu fazer-se e refazer-se na dinâmica das interações.

As especificidades que nossa condição de mulheres imprime às relações sociais no interior da escola e à nossa própria formação como profissionais; os modos como articulamos "os vários papéis" que desempenhamos e "os sistemas explicativos" que conhecemos e nos quais nos conhecemos passaram a ser indagações privilegiadas em estudos que elegeram o gênero como categoria de análise das questões relativas à educação.

A aproximação das práticas e ações cotidianas de professoras primárias no interior da escola, tendo como referência as relações de gênero, foi o caminho privilegiado por Madalena Assunção[38] para explicitar a dinâmica da feminização do magistério "em sua dimensão simbólica e subjetiva".[39]

Assumindo o pressuposto de que "não há como separar a prática profissional da mulher-professora de sua constituição, experiências e expectativas sociais em relação à função e ao papel 'designado' socialmente à mulher", Madalena procurou compreender quem é a mulher-professora que se encontra no ensino fundamental, quais suas representações acerca da sua profissão e acerca de si mesma, como mulher, quais os motivos de sua opção e permanência no magistério, apesar de sua acentuada e contínua desvalorização no que se refere às condições objetivas de trabalho, e qual a ressonância desses aspectos no interior da escola, nos rituais cotidianos, nos eventos, nas relações entre pares, nas relações professora-alunos, nas relações professora-comunidade e nos modos de elaboração da ausência/presença do homem no magistério.

Por meio da observação diária na escola e das entrevistas semi-estruturadas, Madalena traçou, na trajetória acadêmica e pessoal das mulheres-professoras entrevistadas, as marcas da cultura feminina.

> Toda a trajetória das mulheres entrevistadas, seja acadêmica ou pessoal, até o momento em que se tornaram mulheres-professoras, mostra a dimensão simbólica e subjetiva atuante em suas 'escolhas' e posteriores práticas pedagógicas.[40]

A escolha do magistério, além de marcantemente influenciada pela mãe, está associada a concepções sobre a profissão definidas como vocação, amor, abnegação, doação e missão, que repercutem numa prática docente impregnada da idéia de que "para ser professora basta 'gostar de crianças' (coisa tão 'natural' à mulher) e dominar algumas habilidades técnicas adquiridas nos anos de experiência."[41]

Esses determinantes, destaca Madalena, não são percebidos claramente pelas próprias professoras, pois, como significados sociais e culturais associados ao magistério primário e à mulher, além de serem cotidianamente reforçados pela cultura escolar, foram sendo incorporados por elas em suas práticas cotidianas como mulheres e na formação recebida no curso de magistério. Naturalizados, eles ocultaram (e ocultam), das próprias mulheres-professoras, seu passado pessoal e coletivo, deformando o presente que acaba sendo regido por aquela mesma ótica.[42]

A superação das características apreendidas, que evidenciam uma supervalorização dos aspectos pessoais em detrimento da formação acadêmica, constituindo, por um lado, um obstáculo à passagem "do maternal para o profissional, do afetivo para o pedagógico"[43] e, por outro, o favorecimento da constituição entrelaçada da mulher-professora-mãe, passa pelo redimensionamento dos cursos de formação, o que, segundo Madalena, é fundamental "considerar e discutir as relações de gênero, assim como seus desdobramentos na prática docente, e a necessidade da construção de uma nova relação entre feminino e masculino, apesar da diferença, e por causa dela."[44]

Nilma Lino Gomes,[45] por sua vez, voltou-se para a mulher negra professora: "Ser mulher negra e professora expressa uma outra maneira de ocupação do espaço público. Ocupar profissionalmente esse espaço, que anteriormente era permitido só aos homens e brancos, significa muito mais do que uma simples inserção profissional. É o rompimento com um dos vários estereótipos criados sobre o negro brasileiro de que ele não é capaz intelectualmente."[46]

Por meio de uma pesquisa etnográfica, Nilma procurou investigar a trajetória escolar de professoras negras e como essa vivência na escola contribuiu para a reprodução do preconceito e da discriminação racial e de gênero em sua prática pedagógica e em sua própria constituição como mulheres. Assinala Nilma que narrar a trajetória escolar de professoras negras é narrar a própria trajetória de mulheres negras. As lembranças familiares, os comentários sobre o racismo e a discriminação racial feitos por elas têm o significado de expressar uma realidade onde, desde muito cedo, aprendeu a negar-se a si mesma para ser aceita pelo outro.[47]

Lusia Pereira[48] explicitou as relações históricas presentes na nossa formação como mulheres e como professoras, ao analisar, nas "relações profissionais do tipo doméstico"[49] observadas nas práticas educativas escolares de professoras de 1º Grau, a permanência do discurso religioso acerca da mulher e de seu lugar e papel na sociedade.

> E o jeito de ser mulher, cunhado pelo ideal religioso desloca-se para o jeito de ser professora. Por esse ideário, a mulher assume, na sua forma de ser, a esposa dedicada, a mãe amorosa, a boa dona de casa, a filha obediente, a docilidade, a meiguice, o ar angelical. Cumpre sua 'missão' nesses papéis sociais. Missão essa impressa como marca indelével. É também assim que a professora se torna no exercício de sua profissão: a missionária dedicada a seus alunos, a mulher professora que se transveste de mãe e tia e se desdobra em carinho para seus alunos-filhos, sobrinhos e com eles se preocupa e supre as suas necessidades mais primárias. (...) É nesse jeito de ser da professora que é possível perceber o religioso implícito no *ethos* pedagógico.[50]

Esse discurso, construído no processo de formação de mulheres-professoras, por um longo período de tempo no Brasil esteve a cargo de escolas confessionais. Apropriado e elaborado pelas professoras em formação, nas relações e rituais escolares que, a um só tempo, reprimiam e construíam posturas, comportamentos e movimentos, instituindo e constituindo saberes, verdades e modos de "ser mulher", foi sendo deslocado, por sua atuação como profissionais, para o campo do leigo e do público, aí permanecendo.

> A presença do discurso religioso", preocupava-me para além da forte presença dos colégios religiosos encarregados da formação das mulheres que viriam a se tornar professoras. (...) interessava-me muito mais o que restou daquele discurso na construção do ser mulher, ser professora, e como ele se faz presente no fazer cotidiano das práticas educativas escolares.[51]

Gênero e discurso religioso, cotidiano e investigação histórica articulados. Nas práticas cotidianas das professoras de uma escola estadual de 1º Grau da cidade de Belo Horizonte, Lusia documentou a pregnância do discurso religioso nos eventos e rituais, nas palavras e símbolos utilizados por elas para representar e significar o educar, o ser professora e o ser aluno(a). Na investigação do processo histórico de formação das professoras, em dois colégios religiosos no interior de Minas Gerais — um protestante e um católico — dedicados à educação feminina do final do século XIX até a década de 60, Lusia foi em busca das concepções de mulher e de educação contidas nos discursos religiosos que ritualizavam o cotidiano da formação daquelas jovens, procurando elucidar seu caráter fundante no "ser professora" em constituição.

Numa outra perspectiva, a da psicanálise, Alícia Fernandez[52] analisou a constituição do ser professora e suas conseqüências para a construção de nossa subjetividade como mulheres, a partir das concepções dominantes acerca da condição feminina em nossa sociedade.

Em sua análise, Alicia destacou como a exigência implícita de ocultamento da sexualidade e da corporeidade da professora nos sistemas de educação formal, que nos coloca no lugar paradoxal de "tias", associa nosso papel profissional a passividade, dedicação e capricho, atribuídos à condição feminina, omitindo faces dos modos de conhecer que as mulheres, em suas vivências, vão elaborando.

A face boazinha, mais do que denunciada, foi perscrutada em suas nuances e origens sociais. Cotidiano, história de vida, representações, discurso... Em seu conjunto, os estudos que elegeram o gênero como categoria de análise nas pesquisas sobre a atividade docente, ainda que tenham enveredado por caminhos distintos, evidenciaram que a história vem produzindo e sendo produzida por homens e mulheres e que essa distinção não é apenas natural e biológica, mas também histórico-cultural: nós aprendemos a ser homens e mulheres nas relações que estabelecemos entre nós, mediados pelos significados e práticas culturais. E, nesse sentido, cada um dos sexos não se constitui sem a presença do outro.

Por isso mesmo é que as diferenças de gênero fazem diferença no processo de construção de nossa subjetividade (os sujeitos são sexuados) e na constituição do nosso ser e fazer profissional. Elas imprimem especificidades e nuances a esses processos, do mesmo modo que a escola, sendo hoje um local de trabalho feminino, mediatiza os modos como nós, mulheres, e os homens, nossos parceiros, vivenciamos a condição feminina e a difundimos. Porque no ato educativo, como assinala Lusia Pereira, os conteúdos e as técnicas de ensino, os gestos e os ritos não são neutros nem naturais, encarnando e transmitindo ao mesmo tempo, uma certa maneira de perceber o mundo e as coisas",[53] nossos alunos apreendem, apesar de nossa intencionalidade, no cotidiano escolar, modos velados de "ser mulher", valores religiosos difusos e identidades raciais em luta, que emergem por entre aquilo que lhes dizemos e o muito que silenciamos (nas palavras, nos gestos e nos ritos).

Na imagem desdobrada, aspectos de nossas relações com o conhecimento

Outra inquietação que vem orientando os estudos sobre a atividade docente diz respeito aos processos pelos quais o conhecimento tem sido elaborado (vivido) por nós, professores (abstraída a nossa condição de gênero).

Abordagens cognitivistas têm se voltado para essa indagação. Ancorado nos pressupostos piagetianos com relação aos processos de desenvolvimento e de construção do conhecimento, Fernando Becker[54] procurou apreender "o que o professor pensa ser o conhecimento quando ensina conhecimento" e "as relações existentes entre esta sua concepção epistemológica e sua prática pedagógica".

Por meio de entrevistas e da observação de professores em atuação nos diferentes níveis de ensino, ele explicitou a epistemologia subjacente ao trabalho docente, que identificou como "predominantemente apriorista em alguns casos, predominantemente empirista noutros, ou, ainda, uma mistura mais ou menos equilibrada destas duas posições".[55]

Diante do quadro identificado, Fernando nos pergunta como se pode falar de democratização da sala de aula, da escola, do sistema escolar quando os professores continuam a pensar o conhecimento, sua gênese e desenvolvimento a partir de epistemologias que legitimam o autoritarismo pedagógico. Ele propõe a crítica epistemológica como um caminho necessário, mas não suficiente, para a superação de tais epistemologias.

> Nossa hipótese é a de que a transformação da postura pedagógica implica uma instância crítica que não se confunde com a crítica eventualmente inerente ao conteúdo curricular. A crítica a esta

> postura passa por outra mediação sem a qual nada se fará neste plano didático-pedagógico: a crítica epistemológica. O professor trabalha com o conhecimento e não fundamenta criticamente a "matéria-prima" do seu trabalho. É "sujeito" de uma epsitemologia inconsciente e, com alta probabilidade, de uma epistemologia que não gostaria e não admitiria ser a sua.
>
> Uma prática não se transforma sem teoria (crítica) e uma teoria que não impregna a prática corre o perigo de tornar-se estéril. O seu exercício didático-pedagógico carece, num primeiro momento, de uma fundamentação teórico-epistemológica consistente; num segundo momento, de uma reconstrução de sua prática à luz desta fundamentação.[56]

Nossa face assujeitada às práticas pedagógicas dominantes se revela uma vez mais. Focalizada pelo ângulo do processo de desenvolvimento cognitivo tal qual assumido pelo construtivismo piagetiano, ela foi explicada pela "ausência da tomada de consciência, da experiência lógico-matemática e da abstração reflexionante"[57] que caracterizam o "verdadeiro sujeito epistêmico". Nossos modos de ação sobre o mundo, centrados na vivência imediata e em sua reprodução, determinariam a epistemologia dos professores que somos e nossa prática pedagógica.

Nesse quadro de referência, nossa formação profissional, focalizada como parte do contexto em que nosso desenvolvimento cognitivo se processa e como um dos seus fatores (necessário, mas não suficiente), é criticada por "[opor-se] à construção do sujeito epistêmico, na medida em que pratica formas autoritárias [de ensino escolar]" que obstaculizam a ação do sujeito. Ação essa que "sem nunca abandonar totalmente a abstração empírica, a relativiza a tal ponto que o sujeito recorre a ela quando achar necessário, sem ser vítima pura e simples da pressão do meio".[58]

As formas autoritárias de ensino escolar, destaca Fernando Becker, "depredam as relações produtoras de conhecimento, depredando, por conseqüência, as condições prévias da construção do sujeito epistêmico que precisa exercer a autonomia no processo para poder ser autônomo no ponto de chegada.[59]

Vítimas de um processo de formação que pouco contribuiu para o desenvolvimento, em nós, do verdadeiro sujeito epistêmico ("condição de possibilidade do sujeito ético, do sujeito político, do sujeito humano"),[60] seguimos reproduzindo esse mesmo processo: "a concepção epistemológica é, primordialmente, efeito e não causa. Mas uma vez constituída, adquire poder de determinação."[61]

Embora a transformação seja o anúncio, a permanência do mesmo é apontada como o dado de realidade e seu peso está de volta aos nossos ombros. No círculo vicioso, que remete sempre ao sujeito, também a ruptura dele dependeria

> um caminho didático para a formação de professores: refletir, primeiramente, sobre a prática pedagógica da qual o docente é sujeito. Apenas, então, apropriar-se de teoria capaz de desmontar a prática conservadora e apontar as construções futuras.[62]

As questões permanecem — quem reflete? para quê? como? quem reflete com o professor que forma os professores? No círculo vicioso nos vemos, uma vez mais, às voltas com as eternas ilusões da filosofia e da ciência com relação à busca da verdade como "produto de uma boa vontade prévia" dos sujeitos, como ironiza Gilles Deleuze.[63]

No entanto, essa forma de abordagem das relações entre teoria e prática e entre desenvolvimento e formação profissional tem ocupado um lugar de destaque nos estudos e debates recentes sobre a formação de educadores. Na França em 1994, por exemplo, num encontro de intelectuais que refletiu sobre as relações entre saber e saber-fazer na prática pedagógica do professor e o lugar a elas atribuído na instituição escolar nessa virada de milênio — marcada pelas grandes transformações tecnológicas, que estão colocando em questão conceitos (como o de trabalho e o de sujeito, por exemplo) e competências até então consagrados socialmente[64] — predominaram as análises de cunho cognitivista, que abordaram os modos de conhecer dos professores do fim do milênio à luz de princípios explicativos de um modelo de desenvolvimento, naturalizado e universalizado.

Se, por um lado, esses trabalhos nos possibilitam uma aproximação de um dos modos (dominantes) de análise dos processos de elaboração do conhecimento vividos por nós, professores e professoras, e dos vieses avaliativos deles resultantes, por outro, têm servido para obscurecer a dinâmica desses próprios processos, na medida em que enquadram a variabilidade observada e suas nuances como possibilidades de uma "gramática cognitiva" que tudo explica. Retirar, dessa área de obscuridade, a diversidade e a singularidade foi a tarefa a que outros estudos se propuseram.

Nos fragmentos do cotidiano, a experiência vivida e as representações

Guiada exatamente por essa indagação — "Como pensar o homem na sua totalidade e na sua singularidade?" — Sonia Kramer[65] voltou-se para o cotidiano procurando deslocar os discursos explicativos já consolidados a respeito da formação e do trabalho do educador e as tipificações a que são submetidos os professores e suas práticas.

Ancorada nos trabalhos de Benjamin, Bakhtin e Vygotsky, Sonia procurou traçar os modos como indivíduos "de carne e osso; de desejos, afetos, valores, idéias e projetos"[66] vão se singularizando na dinâmica interativa das práticas sociais, mediados pela história e pela linguagem, procurando, assim, recuperar o espaço do sujeito criativo na história e na reflexão sobre a educação e questionar o modelo de racionalidade vigente.

Para isso, fez-se narradora das "insignificâncias e particularidades da prática escolar"[67] que estão à nossa volta e que podem ser observadas no cotidiano de qualquer escola ou nas conversas com adultos e crianças. Com essas narrativas, resgatadas de episódios que compartilhou, diretamente ou não, com professores ao longo de sua vida profissional e explorando esses fragmentos com as lentes das teorias, Sonia compôs um mosaico, como um caleidoscópio ao sabor do movimento, onde as possibilidades da singularização vão se explicitando como diversidade na heterogeneidade das práticas pedagógicas cotidianas:

> diferentes trajetórias e distintos momentos (...) Histórias no plural; formas de falar a vida (fora ou dentro da escola) no plural; maneiras de mudar essa vida no plural também. E é nesse plural que reside a singularidade que faz de nós seres humanos, que nos permite descontinuar para continuar.[68]

Carmen Sílvia Andaló,[69] inspirada pelos trabalhos de Agnes Heller e recorrendo ao método etnográfico tal qual proposto por Ezpeleta e Rockwell, procurou analisar e problematizar os cursos de aperfeiçoamento oferecidos a professoras da escola fundamental, focalizando-os "a partir de dentro", isto é, a partir dos sentidos elaborados pelos sujeitos neles envolvidos. Para isso, durante um ano, ela acompanhou um grupo de técnicas e de professoras (de 1ª a 4ª série do 1º Grau), ao longo de um curso de aperfeiçoamento sobre o tema *Dificuldades de aprendizagem*, proposto pela Secretaria da Educação do estado onde o trabalho foi desenvolvido. Nesse percurso, Carmen Silvia interessou-se tanto pelas relações estabelecidas entre as professoras no grupo que se constituiu ao longo do curso, procurando compreendê-las e analisá-las a partir do instrumental criado por J. L. Moreno, no campo da sociometria, quanto por registrar a "leitura" feita por elas, da experiência vivida no curso, da sua trajetória como profissionais e da adversidade de suas condições de trabalho no cotidiano das instituições escolares.

Assim, ao longo de sua "convivência" com as professoras, a pesquisadora observou-as e ouviu-as em entrevistas e em comentários fortuitos, registrando suas vozes e, "através delas, sua vida e seu pensamento" (como enfatiza ao longo do texto), em suas particularidades, em seu caráter assistemático e até "distorcido" por preconceitos e estereótipos. Registrados cuidadosamente, esses dizeres, transcritos abundantemente no trabalho, foram analisados em seu conteúdo, compondo um quadro das condições de formação profissional, das relações no interior da escola e do regime de trabalho das professoras estudadas, bem como de suas concepções acerca do fracasso escolar e dos cursos de aperfeiçoamento docente.

Segundo Carmen Sílvia, ouvindo as professoras foi possível perceber que a prática docente, que é histórica,

> reflete um complexo processo de apropriação, que envolve tanto a biografia individual de cada educadora como a história das práticas sociais e educativas. Ela não se reduz à mera reprodução passiva da formação profissional ou das normas oficiais. Trata-se de um processo de construção seletivo, onde se reproduzem, ratificam ou se rejeitam a tradição e as concepções anteriores e, individual ou coletivamente, se elaboram novas práticas.[70]

Aparecida Neri de Souza,[71] voltou-se para o cotidiano de professores e professoras movida por duas indagações: quais as especificidades, contradições e ambigüidades constitutivas da atividade docente e como os professores, na especificidade de sua prática, constroem-se como sujeitos coletivos?

Para responder a suas questões, ela priorizou focalizar a atividade docente não apenas em seus aspectos econômicos, como "força de trabalho" que se desenvolve segundo um modo de organização e em condições determinadas de trabalho e de salário, mas à luz de seu impacto na subjetividade dos indivíduos. Assim, procurou, por meio de depoimentos orais, compreender os modos como os professores vivenciam e representam o processo de trabalho docente em seu cotidiano, entendendo-o "como construção de experiências singulares, [que] pode[m] ser identificada[s] a partir dos valores, das trajetórias dos sujeitos que são interpretados pelos professores, dando-lhes significado."[72]

Definindo as representações como a elaboração subjetiva, mental, que os indivíduos fazem de suas condições materiais de vida, exprimindo uma posição social determinada, com as quais vão tecendo uma identidade,[73] Aparecida Neri privilegiou, na recuperação que foi fazendo das experiências vividas pelos professores de 2º Grau de uma escola pública estadual, as maneiras como aqueles indivíduos "concebiam" o vivido, "reconheciam-se" como professores ("auto-imagem e auto-valorização que constr[uíam] de sua profissão")[74] e "produziam experiências significativas" de mobilização por interesses e direitos como sujeitos coletivos.

Debruçada sobre os depoimentos dos professores e sobre as ações por eles narradas, a autora destacou que as representações acerca do trabalho docente são produzidas num movimento de ambigüidade, oscilando entre conformação e resistência.

Com relação à escolha e à permanência no magistério, os professores estudados revelaram comportamentos de conformação e de resistência, na medida em que a uma opção inicial relacionada à garantia de sobrevivência e à permanência, também inicial, produzida pela falta de outras possibilidades de trabalho, contrapunham uma identificação com a atividade profissional baseada no prazer encontrado diante das potencialidades de transformação e formação cultural das novas gerações.

> Mesmo sendo as condições e a organização do trabalho dos professores caracterizadas como extremamente adversas — baixos salários; jornadas intensas divididas entre vários empregos;

trabalho fragmentado, isolado e individualizado — os professores atribuem-lhe um significado: é um trabalho prazeroso."[75]

Esse prazer radicado no papel de construtor da cultura de que se reveste a formação dos alunos é uma dimensão da atividade docente que sobrevive a ela própria.

Por outro lado, na perspectiva da qualificação docente, esses mesmos professores, quando se sentiam portadores da qualificação, assumiam a responsabilidade pela qualidade de seu trabalho em termos individuais, atribuindo-a à vocação e ao compromisso político para com os alunos; ou, então, consideravam-se como não-portadores de qualificação para realizar sua atividade profissional por causa das condições e organização de trabalho que lhes eram impostas pelo estado, como seu empregador.

Esse jogo conflituoso e ambíguo, na busca de reconhecimento social pelo seu trabalho, revela, como a autora reconhece, um grande embate na discussão das representações acerca da dimensão política do trabalho docente.

> De um lado, os professores atribuem à educação um significado de transformação e de construção de elementos para a cidadania; mas, por outro, pouco discutem 'em nome do quê' se construirá tal cidadania.[76]

O esvaziamento da dimensão política do fazer pedagógico, segundo os próprios professores estudados, "constrói um professor desinteressado e desprovido de responsabilidade perante seus alunos (...) decorrendo daí a ausência de significado para o conteúdo do trabalho."[77]

Discutindo a possibilidade de recuperação do espaço político no trabalho pedagógico, Aparecida Neri faz, inicialmente, a análise crítica da organização sindical dos professores públicos em São Paulo, evidenciando que por assumir, desde o final dos anos 70 até o período por ela estudado, um projeto de construção de um sindicalismo classista e de massas, no qual os professores foram compreendidos como parte integrante da classe operária, secundarizaram, em suas reivindicações, as discussões sobre o significado social do trabalho docente e sobre sua desqualificação ou qualificação profissional, deixando de produzir experiências significativas para a categoria.[78]

Reconhecendo que a capacidade de produzir tais experiências significativas ou de realizar mobilizações não é privilégio somente do sindicato, voltou-se para uma experiência singular de socialização política, vivida em uma escola nos anos 80, procurando traçar as práticas por meio das quais os professores constituíram-se sujeitos coletivos na luta por direitos, politizando o espaço escolar e produzindo a solidariedade como tônica de uma nova sociabilidade.

Na análise dessa experiência, ela ressalta que o sujeito coletivo professor foi se construindo na heterogeneidade das situações vividas na experiência cotidiana, pelas práticas que expressaram interesses, vontades, valores, sentimentos diversos, materializando o conflito e a diferenciação interna da categoria nas condições dadas. Nesse processo de reconhecimentos recíprocos, como sujeitos coletivos que reproduzem e reconstroem o "fazer docente" em suas múltiplas dimensões, e na luta pela visibilidade dessa condição, os professores acabaram por perceber a escola, na qualidade de *locus* do trabalho docente, como um espaço de ação política e de produção de uma nova sociabilidade. "Nas pequenas lutas cotidianas", destaca Neri, "é que se constrói um tempo coletivo de elaboração das experiências comuns".[79]

Sonia Penin, tal como Aparecida Neri de Souza, também privilegiou, como forma de aproximação das elaborações de professoras acerca de seu próprio trabalho, o cotidiano e as representações.

Ancorando-se especialmente nos trabalhos de Henri Lefebvre, e entendendo a representação como a articulação dos saberes (ideário teórico de uma época) e das vivências das pessoas,[80] Sonia Penin voltou-se para as representações das professoras sobre o cotidiano da escola fundamental[81] e sobre as concepções de conhecimento por elas assumidas e praticadas,[82] procurando entender melhor a própria escola. Ou seja, por meio das representações dos indivíduos que viviam o cotidiano escolar, ela buscou apreender suas características e as contradições que os movimentam.

Destacadas como mediadoras do *verdadeiro* conhecimento, as representações são apresentadas como distorções ("simulacros") ou reproduções ("criações miméticas") do conhecimento, podendo favorecer ou obstaculizar sua elaboração.

> Da análise até aqui realizada, a conclusão a que chego é que se pode fazer avançar o entendimento a respeito do que se passa no

> ensino e nas salas de aula mais pelo desvelamento das configurações e do sentido das representações das professoras, do que inquirindo sobre a construção do seu conhecimento propriamente dito. (...) são elas [as representações] que fazem a mediação para o verdadeiro conhecimento. Antes de construir o conhecimento sobre o ensino, a professora assimila concepções já existentes, sistematizadas ou formuladas sob diferentes graus de sistematização pelo saber cotidiano (as chamadas representações sociais) e vive o ensino. Grande parte do tempo a professora está envolvida nas representações formadas no espaço das relações que estabelece com seus interlocutores e na vivência educativa. É nesse espaço social, primeiramente povoado pelas representações, que se desenvolvem, ou não, os conhecimentos pessoalmente apropriados."[83]

Assim, segundo ela, é o "estudo das formas como aparecem e são construídas as representações, assim como suas objetivações — sejam simulacros, sejam criações miméticas — que poderá oferecer pistas de um trabalho mais eficaz para que sejam superadas.[84]

São quatro estudos assumindo o cotidiano como um mesmo ponto de partida. Quatro autoras dão conclusões gerais similares: permanência e mudança entretecem-se na produção das práticas sociais cotidianas e na constituição da singularidade, imprimindo nuances, aparentemente contraditórias, ao desenvolvimento da nossa vida profissional. Tornamo-nos professores e professoras tanto pela apropriação e reprodução de concepções já estabelecidas no social e inscritas no saber dominante da escola (permanência), quanto pela elaboração de formas de entendimento da atividade docente nascidas de nossa vivência pessoal com o ensino, nas interações com nossos alunos, e do processo de organização política, com nossos pares, em movimentos reivindicatórios (mudança). Diferentes, no entanto, nos *"modus* de focar".

Enquanto Sonia Kramer, buscando fazer-se narradora (no sentido benjaminiano),[85] não hesita em permanecer no fragmento, apresentando-o como situação exemplar, Carmen Sílvia, Aparecida Neri e Sonia Penin procuram explicar a possibilidade de singularização, a heterogeneidade e as transformações por meio da análise de conteúdo.

São dois modos distintos de relação com os enunciados,[86] produzidos pelos atores sociais no processo de pesquisa, que implicam nuances nos modos de definir o próprio dado de pesquisa e de trabalhar com ele (forma de apreender e de analisar os fragmentos da realidade privilegiados como indicadores) e nos modos de conceber o sujeito e suas relações com as práticas de sua cultura.

A narrativa é uma unidade. "Ela não está interessada em transmitir o 'puro em si' da coisa narrada como uma informação ou um relatório. Ela mergulha a coisa na vida do narrador para em seguida tirá-la dele. Assim se imprime na narrativa a marca do narrador, como a mão do oleiro na argila do vaso."[87]

Na análise de conteúdo, apenas um elemento do enunciado é priorizado, o conteúdo, em detrimento da sua unidade (conteúdo-forma-condições de produção). Os dizeres, de cada um e de todos os entrevistados, são cindidos da dinâmica interativa em que foram produzidos no momento único de cada entrevista e dos modos como foram proferidos. Recortados e reunidos segundo a lógica do conteúdo, os fragmentos selecionados parecem significar por si mesmos, deixando nas sombras a participação do pesquisador e toda a exterioridade constitutiva da enunciação.

Carmen Sílvia Andaló sintetiza, em seu texto, o processo da análise de conteúdo: "Após várias leituras e re-leituras do material contido nas entrevistas, chegou-se a uma espécie de 'impregnação' do seu conteúdo", destaca.[88]

> Unidades de análise e categorias emergiram da constância dos temas. Procurou-se preservar a heterogeneidade dos sujeitos contemplando tanto a regularidade e convergência das concepções a respeito da realidade vivida como escola, quanto as visões isoladas e divergentes, discrepantes e inusitadas."[89] E, "após uma análise longitudinal, que tinha por objetivo conhecer cada professora", completa ela, "as entrevistas foram recortadas em diferentes temas que, reunidos, permitiram uma visão de conjunto.[90]

Os fragmentos selecionados juntam-se como as pedras de um quebra-cabeças, produzindo uma imagem de conjunto, que segue a lógica dos recortes estabelecidos pela leitura do pesquisador, dirigida pela explicação que pode ser retirada dos dados.

Montado, o quebra-cabeças congela, tanto a configuração obtida, quanto o movimento em que as peças se articularam. Movimentar as peças articuladas desarruma, desmonta o quebra-cabeças, e uma outra configuração só se forma com outros recortes e outros modos de articulação em um outro quebra-cabeças. Assim, defrontamo-nos com uma sucessão de quadros[91] (ou de fotos) que nos mostram as possibilidades de transformação numa linha de regularidades e discrepâncias.

A narrativa, por outro lado, não explica nada. Ela produz sentidos. Entrega-se ao ouvinte/leitor, para ser assimilada, memorizada, recontada, indagada — "e o que aconteceu depois?" Nela há espaço para "o conselho", que não consiste em intervir do exterior na vida de outrem, como interpretamos freqüentemente, mas em "fazer uma sugestão sobre a continuação de uma história que está sendo narrada."[92] Narrador e ouvinte compartilham um fluxo narrativo comum, aberto a novas propostas, que podem emergir a cada uma de suas passagens. Cada acontecimento, cada personagem sugere, suscita outras histórias, que se articulam e se constituem entre si, tecendo uma rede. Modos distintos de produzir conhecimento e de ler a vida...

Por entre as histórias de vida — aspectos da constituição recíproca entre o eu pessoal e o eu profissional

Um outro tipo de abordagem que tem aparecido com freqüência nos estudos sobre a profissão docente em todo o mundo, são as histórias de vida. A partir da técnica da história de vida, as vivências individuais passaram a ser coletadas e analisadas tendo em vista o conhecimento do social. "Se nós somos, se todo indivíduo é a reapropriação singular do universal social e histórico que o rodeia, podemos conhecer o social a partir da especificidade irredutível de uma *praxis* individual."[93]

Assumindo a tese da constituição recíproca entre o eu pessoal e o eu profissional, numerosos estudos[94] buscaram traçar nas histórias de vida as maneiras como cada um se sente e se diz professora e como as foi construindo, entre modos distintos e conflitantes de encarar a profissão docente, nas diversas etapas da carreira.

Repetindo a formulação de Sartre de que o homem define-se pelo que consegue fazer com o que os outros fizeram dele, Antonio Nóvoa,[95] no texto que abre a coletânea de trabalhos sobre histórias de vida de professores por ele organizada, defende o resgate do saber emergente da experiência pedagógica dos professores, por meio do levantamento e da reflexão sobre os momentos significativos de seus percursos pessoais e profissionais, como condição necessária para que eles (professores) possam reconhecer-se, apropriar-se dos saberes de que são portadores e possam trabalhá-los do ponto de vista teórico e conceptual, apurando suas opções e refazendo-as para acomodar inovações, para assimilar mudanças.

Citando um estudo de Pierre Dominicé, Nóvoa considera "que o adulto apenas retém como saber de referência o que está ligado à sua identidade, compreende a importância de conceder um estatuto ao saber emergente da experiência pedagógica dos professores."[96] E mais, que a análise dos processos de formação, numa perspectiva de mudança, "não se pode fazer sem uma referência explícita ao modo como um adulto viveu as situações concretas do seu próprio percurso educativo."[97]

Semelhante aos estudos apresentados por Antonio Nóvoa, também no Brasil alguns dos trabalhos atuais que se aproximam do cotidiano do(a) professor(a) o têm feito através da história de vida ou da autobiografia, buscando aí elementos para entender como sujeitos singulares se tornam os(as) professores(as) que são, ao longo de seu percurso profissional e pessoal, mediados pelas idéias e práticas em circulação. Entre esses estudos, destaco o memorial de Magda Soares[98] e o trabalho de Maria do Rosário Magnani.[99] E ainda, na literatura, o apaixonado *Manual de tapeçaria*,[100] de Nilma Lacerda.

Magda Soares e Maria do Rosário Magnani discutem seu próprio processo de formação como professoras e como formadoras de professores, motivadas por objetivos distintos. Magda reflete sobre sua trajetória intelectual para um memorial. Maria do Rosário retoma seu percurso pessoal e profissional, motivada, como professora-pesquisadora, pela questão da formação do professor.

Nilma Lacerda escreve um romance em que narra a trajetória (pelo direito e pelo avesso) da professora de "ensino primário", que aprende com as crianças a quem ensina as cruéis contradições da nossa sociedade de classes, dilacerada até as raízes.

Cada uma delas, a seu modo, e do lugar de onde privilegiou falar, aborda processos envolvidos na constituição do "ser profissional".

"Os meus dias não são meus, são nossos. Sob os meus dias, parece estar a vivência de toda uma geração que se educou e educou nas últimas cinco décadas",[101] destaca Magda Soares, assumindo a tese de que "o ser profissional" se constitui historicamente. É do tempo e do indivíduo em constituição na trama desse (do seu) tempo, que ela fala. Localizando-se no seu tempo, Magda compreende sua própria experiência, avalia seu próprio destino e torna-se cônscia das possibilidades de pessoas que se encontravam nas mesmas circunstâncias que ela.

O processo em que alguém se torna professor(a) é histórico, ensina-nos ela, mesmo sem o pretender. Na trama das relações sociais de seu tempo, os indivíduos que se fazem professores vão se apropriando das vivências práticas e intelectuais, de valores éticos e das normas que regem o cotidiano educativo e as relações no interior e no exterior do corpo docente. Nesse processo, vão constituindo seu "ser profissional", na adesão a um projeto histórico de escolarização. Somente o distanciamento da experiência imediata e o confronto com outras perspectivas emergentes na prática social tornam possível a esse indivíduo perceber-se no contexto em que se foi constituindo professor(a), analisar a emergência, a articulação e a superação das muitas vozes e das categorias por elas produzidas, para significar os processos culturais, e então criticar-se (ou não) e rever-se (ou não), aderindo (ou não) a um outro projeto de escolarização.

Maria do Rosário Magnani também resgata e articula suas vivências e lembranças, suas leituras e escritos, seus registros e documentos, sua memória. Embora reconheça que esse percurso possa ser representativo dos percursos de muitos outros sujeitos de sua geração, é para sua singularidade que ela se volta. Singularidade que se vai constituindo no embate entre "uma identidade conferida e estável e as alterações que a experiência acidental e imprevisível lhe proporciona".[102] Diferentemente de Magda, ela parece nos dizer que, embora seus dias não tenham sido só seus, neles ela deixou impressas suas marcas, por vivê-los de modo particular: como incompletude, em sobressaltos.

Nilma Lacerda traça o processo de transformação da moça virgem, obediente, religiosa, idealista, na professora do aluno Jomar, na professora de uma multidão de Jomares, eles e ela marcados pela exclusão. Sobressaltada pelas agruras de seu tempo, materializadas no outro com quem compartilha o seu fazer, a personagem professora re-significa a moça-mulher, o ensinar-aprender, o viver... Transforma-se/é transformada/transforma.

A professora, que no trabalho de Magda Soares vai sendo narrada pelas vozes que constituem o universo intelectual de seu tempo, no trabalho de Maria do Rosário Magnani se narra em suas interações com o outro. O sujeito Maria do Rosário se apresenta ocupando os mais distintos lugares nessas relações. Aparece em diferentes idades, aparece como aluna, como filha, como esposa, como professora, como coordenadora de professores, como dona de casa... Apresenta-se por intermédio do que conhece, do que pensa, do que sente, do que gosta. Mas essas relações são sempre lidas a partir dela. O outro, e o lugar por ele ocupado nas interações, são ditos por ela. Erigindo-se solitariamente, ela explicita o seu olhar, seus desejos e afetos diante das situações vividas, ela articula essas situações, significa-as, re-significa-as, configurando-se "no processo de seu trabalho, movid[a] por utopias e sobressaltad[a] pelas contingências.[103]

No *Manual de tapeçaria*, o sujeito também vai se constituindo nas relações sociais, mas não se diz, nem é dito. Faz-se, vai sendo feito com/pelo outro: professora e Jomar, Jomar e professora, direito e avesso, avesso e direito de um só e mesmo bordado — a vida compartilhada.

O mesmo ponto de partida: a história de vida. Modos distintos de refletir sobre o processo de constituição do "ser profissional" e da subjetividade. Noções distintas de sujeito a dirigir as leituras do vivido.

Nos trabalhos apresentados por Antonio Nóvoa, o sujeito, sintetizado na premissa sartriana, faz-se apesar do outro. Ele se define pela autonomia, pelo que é capaz de fazer com o que o outro fez dele. Indivíduo e sociedade são duas entidades distintas e, ainda que as relações sociais o influenciem, é a ação individual que determina a sua constituição como sujeito.

Para Magda Soares, o sujeito está imerso no movimento das idéias de seu tempo, confundido na trama interativa — ele é o seu tempo. O sujeito é produto da herança cultural, da história. Vivendo, contribui para o curso da história, ao mesmo tempo em que é por ela condicionado.

No trabalho de Maria do Rosário Magnani, o sujeito, não é apenas racional, ele se apresenta/é apresentado como um interminável processo de constituição: aceita/resiste, significa/re-significa, assume/questiona as categorias e teorias de seu tempo, acata sua condição/anuncia e defende a busca de outros modos de ser e de viver a sua condição, elabora-se/re-elabora-se. Faz história: como memória e projeto. Vive a dinâmica das relações sociais, faz-se nessas relações, ultrapassa essas relações movido pela utopia inquietante nascida da profunda consciência de sua falta. Passa pelo outro, constitui-se nas relações com ele, mas não se re-conhece nele. Erige-se solitário na sua incompletude.

A professora de Nilma Lacerda, mergulhada nas contradições do seu tempo, elabora-o e elabora-se mediada por Jomar. "Olha, no teu avesso tem que ter o meu direito".[104] O sujeito se constitui como intersubjetividade.

Por entre as imagens refletidas, as concepções de sujeito em jogo

No percurso por entre alguns dos modos como nos afirmamos e como temos sido afirmados como professores e como sujeitos, na pesquisa educacional recente, defrontei-me — professora e pesquisadora — com reflexos conhecidos, pressentidos, insuspeitados, silenciados de nossa aparência. Ainda que a questão dos processos de constituição da subjetividade não fosse o objeto imediato de cada um dos trabalhos comentados, todos aproximaram-se (e aproximaram-me) dela, em seus esforços para explicar e descrever a regularidade, a diversidade e a singularidade apreendidas entre os professores estudados. No jogo de imagens resultante do confronto entre modos de focar distintos, evidenciou-se "o movimento pendular da reflexão sobre o sujeito (...) a que remete nossa cultura"[105] num extremo, o sujeito racional por natureza, fonte dos sentidos produzidos e de toda a compreensão (a singularização como construção individual); no outro, o sujeito como produto da história (a singularização como construção social).

No caso da primeira concepção, evidenciada nos estudos de cunho cognitivista, o social é exterioridade, é pano de fundo que pode influenciar, mas não constituir, os processos em que os sujeitos, fonte dos sentidos, vão se construindo, pessoal e profissionalmente. Apesar da ênfase que atribuem ao sujeito, borram suas nuances singulares, em favor do estudo dos determinantes estruturais de seu desenvolvimento.

Já os estudos que se voltam para a subjetividade como produção social focalizam os modos de elaboração do mundo e de si mesmos à luz das relações sociais historicamente determinadas, das idéias e práticas sociais em circulação. Todos eles documentam as interações nas quais nos constituímos professores e professoras, mas abordam-nas de modo distinto. Ou elas determinam o sujeito, ou aparecem como contexto de ocorrência e como elementos explicativos das configurações detectadas, ou são analisadas como constitutivas.

Nos estudos que abordam as interações como determinantes da configuração do sujeito singular, como os de Magda e de Lusia Pereira, por exemplo, as relações sociais que se estabelecem entre o(a) professor(a) e seus pares, seus alunos, suas leituras, seus superiores hierárquicos etc. são marcas do tempo e do lugar social ocupado pelo sujeito. O conteúdo nelas elaborado e os modos como são vivenciadas independem do indivíduo em si. Eles são lidos como efeitos da conjuntura histórico-social e "toda e qualquer pretensão [do sujeito] de dizer a sua palavra, de pensar a *motu proprio* não passa de uma ilusão necessária e ideológica..."[106] Sujeito e história (con)fundem-se. As interações, elas próprias determinadas, configuram o sujeito singular.

Se a atividade do sujeito é obscurecida nas elaborações e buscas distintas em uma mesma conjuntura, nesse primeiro enfoque, nos estudos que abordam as interações como contexto da constituição da subjetividade, ela é acentuada. Nos estudos que partem das representações, como os de Carmen Sílvia Andaló, Aparecida Neri e Sonia Penin, por exemplo, as interações são *descritas* pelos pesquisadores (a partir de suas observações ou a partir de comentários feitos pelos próprios sujeitos da pesquisa nos momentos de entrevista), com a finalidade de ilustrar as situações em que as representações foram produzidas. Elas são ilustrativas do contexto do indivíduo estudado, de seu lugar nas relações sociais e de seu acesso às práticas culturais e às concepções em circulação, documentando condições exteriores que influenciam as representações produzidas. Mas, o que interessa efetivamente ao pesquisador são as representações já constituídas, que expressam as concepções que o sujeito revela sobre o vivido e sobre o *lugar* por ele ocupado nas relações sociais.

O foco é colocado sobre o indivíduo,

> não como sujeito autônomo, 'indivíduo livre', mas como pessoa que experimenta situações e relações produtivas determinadas como necessidades e interesses e como antagonismos e em seguida 'trata' dessa experiência em sua consciência e em sua cultura (...) das mais complexas maneiras.[107]

Assim, busca-se explicar, a partir do próprio indivíduo estudado — o indivíduo que trata *sua* experiência em *sua* consciência e em *sua* cultura — as interações por ele vividas, os percursos pelos quais se tornou o(a) professor(a) que é, ou como pensa e como vive sua atividade profissional. Em outras palavras, privilegiam-se os produtos das interações — "as elaborações subjetivas que os indivíduos fazem de suas condições materiais de vida."[108]

A partir da análise do conteúdo expresso nas representações já constituídas é que se caracteriza a singularidade dos sujeitos, silenciando os processos por meio dos quais essa singularidade foi sendo produzida. As condições em que o conteúdo das representações foi emergindo e foi sendo elaborado nas interações, com a presença do outro (e inclua-se aí o próprio pesquisador e a própria situação de observação ou de entrevista, que se asilam na ilusão da neutralidade) e com os efeitos produzidos por seus dizeres, expressões, olhares sobre o sujeito e sobre a própria dinâmica interativa, não são abordadas (e reveladas). As condições imediatas da própria interação — o porquê de seu acontecimento, as relações de poder em jogo no contexto imediato, o jogo de imagens que os indivíduos envolvidos vão formando uns dos outros, a partir dos lugares sociais que ocupam naquele momento — não costumam ser tematizadas e analisadas.

Cindido das suas condições de produção e da forma particular de que se reveste na interlocução, o conteúdo dos dizeres dos sujeitos tem sua especificidade diluída, afastando-nos da compreensão do processo de sua constituição. Nós, professores e professoras, somos ditos pelos pesquisadores, ainda que nossas vozes estejam transcritas nos seus estudos.

Os estudos afirmam, por exemplo, que os professores atribuem significados a suas experiências e à trajetória vivida e consideram que se formam na própria trajetória da docência com os alunos e com seus colegas ("A gente aprende dando aula"[109]; "É no cotidiano que se aprende a ser professor e que se vocaciona"[110]; "O docente organiza e recria seu trabalho com base no aluno")[111], mas não abordam ou problematizam os processos pelos quais a formação pelo outro e esses significados foram produzidos e se consolidaram. Também enumeram algumas das estratégias partilhadas entre professores (como a troca de experiências, a formação de grupos de estudo) e entre professores e alunos (ouvir mais a criança, acompanhá-la mais de perto), mas não se aproximam da dinâmica em que vão sendo produzidas, aproximando-nos do "perceber-se professor" já constituído e não dos processos pelos quais se foi constituindo. A gênese e o desenvolvimento, nos indivíduos, do seu "ser profissional" não são traçados. Eles são inferidos a partir das representações já constituídas e da interpretação que delas se faz com base nas teorias assumidas.

Focalizados *como ser* (o que é) e não *como acontecer* (o que está sendo), os modos de apresentar-se como sujeitos convertem-se em indicadores básicos para a comparação e classificação dos indivíduos pesquisados. Embora se assuma o sujeito como histórico e social, congela-se o movimento e fixa-se o sujeito.

No jogo dos reflexos em movimento, retomo as reflexões do personagem de Rosa, acerca dos espelhos:

> Quem se olha em espelho o faz partindo de preconceito afetivo, de um mais ou menos falaz pressuposto: ninguém se acha na verdade feio: quando muito, em certos momentos, desgostamo-nos por provisoriamente discrepantes de um ideal estético já aceito. Sou claro? O que se busca, então, é verificar, acertar, trabalhar um "modelo" subjetivo, preexistente...[112]

Nessa reflexão, indago com esse personagem, de quem estamos falando quando colocamos o foco no indivíduo e procuramos explicar, a partir dele, as interações por ele vividas: do indivíduo que ele é? Do modelo (ideal estético aceito) com o qual busca se acertar? Ou de ambos, uma vez que o ideal estético aceito não só mediatiza o olhar do indivíduo sobre si próprio, como também o constitui?

"No acontecimento da própria contemplação [diante do espelho]", aponta Bakhtin, "um segundo participante se imiscue, um outro fictício, um autor que carece de autorização e fundamentação; eu não estou só quando me vejo no espelho, estou possuído por uma alma alheia",[113] que me ajuda a avaliar a mim mesmo e a dar vida e forma a minha própria pessoa... Isso acontece, continua ele, porque o espelho apenas pode nos oferecer material para nossa própria objetivação: "como não possuímos uma imagem externa de nós mesmos, nós a vivenciamos como um outro indefinido e possível",[114] que mediatiza a própria percepção que temos de nós mesmos.

Assim, o espelho reflete a pose que fazemos diante dele, assumindo uma ou outra expressão que nos parece adequada ou desejável aos olhos "desse nosso outro". Nessas poses não se expressa uma "alma única".

Confrontados com os dizeres de Bakhtin e do personagem de Guimarães Rosa, os estudos, cujo foco é o indivíduo, evidenciam que a concepção de sujeito na qual se baseiam é marcada pela ilusão de unicidade. Tal ilusão silencia o "outro" que é parte constitutiva de nós mesmos e das interações (até daquelas em que aparentemente estamos sós). Essa concepção de sujeito, apesar da importância dada ao social na sua constituição, ainda se funda na dicotomia indivíduo/sociedade. Nas teorias que a sustentam, encontramos formulações como a destacada por Aparecida Neri de Souza, em citação no início de seu trabalho:

> o individual e o social, as estruturas internas da subjetividade e as estruturas sociais externas (...) longe de serem estranhas por natureza e de se excluírem mutuamente, são ao contrário dois estados da mesma realidade, da mesma história coletiva que se depositam e se inscrevem simultânea e indissociavelmente, no corpo e nas coisas".[115]

Cabe uma pergunta sobre como o individual e o social se depositam e se inscrevem no corpo e nas coisas. Ou ainda, na afirmativa de Lefebvre, parafraseada por Sonia Penin, segundo a qual "as representações possuem caráter paradoxal: não são 'fatos sociais' porque não possuem consistência própria; não são 'fatos psíquicos', ainda que motivem os atos, pois só surgem na relação; não são 'fatos de linguagem', ainda que o discurso seja seu suporte."[116] Essa formulação leva a perguntar qual a concepção de fato social assumida, qual a concepção de psiquismo pressuposta e qual a concepção de linguagem que a sustenta. E, ainda, como os fatos sociais, os fatos psíquicos e a linguagem se relacionam.

Esse jogo de dicotomias conduz à questão da relação existente entre as representações com a realidade representada e ao argumento de que "a realidade representada não determina a própria representação."[117]

Por sua vez, os estudos que abordam as interações como constitutivas, como os de Sonia Kramer, Maria do Rosário e Nilma Lacerda, consideram que é nas relações sociais (que são relações com o outro) que os modos de compreensão e de elaboração do mundo e de si mesmo são produzidos, re-produzidos e transformados num movimento contínuo que articula dialeticamente os sujeitos e a exterioridade das condições de produção dessa relação. Não se trata de "dois estados da mesma realidade", mas da constituição recíproca: "a natureza psicológica do homem é a totalidade das relações sociais".[118]

Contudo, também nesse grupo de estudos, nos defrontamos novamente com um desdobramento nos modos de encaminhamento: embora o princípio explicativo assumido seja o mesmo — a constituição social do psiquismo — o processo interativo é focalizado de modos distintos e com objetivos distintos.

No estudo de Sonia Kramer, as interações são *narradas* como pequenas crônicas do cotidiano. Justapostas à discussão teórica, elas compõem um mosaico, cujas possibilidades de singularização vão se explicitando. Não encontramos nelas o desejo de explicação, mas de reflexão sobre as condições de humanização das relações de ensino e da professora.

Já Maria do Rosário Magnani toma o discurso como materialidade do processo de construção da identidade profissional e adentra seus meandros. O processo de produção dos significados e sentidos pelo sujeito e suas transformações são o seu objeto de interesse, mas ela os focaliza a partir de si mesma. Como narradora e personagem, ela recorta, lê, significa, re-significa, no conjunto das interações vividas, o movimento de constituição de sua identidade como professora, com o propósito de revelá-lo, mesmo na sua incompletude. A partir de quem? Cabe perguntar quem é o outro e quem é si mesma. Pensamos que no intento da autobiografia, ela joga com as poses diante do espelho — ela e seu outro, ela e seus outros. Embora a presença constante do outro se faça sentir, só temos acesso a ele por meio do relato e da leitura feitos pelo sujeito Maria do Rosário, em seu próprio processo de constituição. Nesse jogo, seria necessário explicitar, quem se diz e quem é dito, quem silencia quem, o que é silenciado, por quem e por quê.

Bakhtin, comentando a produção de auto-retratos, destaca que, apesar do propósito do pintor de "purifica[r] a expressão do rosto refletido", permanece nele um certo caráter fantasmagórico de um rosto que não abarca o homem completo. É esse traço, segundo ele, que nos permite distinguir entre um retrato e um auto-retrato e acrescenta, em seguida, que

> é muito mais difícil oferecer uma imagem íntegra da aparência própria de um herói autobiográfico de uma obra verbal, onde essa aparência, impulsionada pelo movimento heterogêneo do argumento, deve dar conta do homem todo.[119]

Nilma Lacerda, por sua vez, escreve um romance. *"Escrever um romance"*, aponta Walter Benjamin, "significa, na descrição de uma vida humana, levar o incomensurável a seus últimos limites. Na riqueza dessa vida e na descrição dessa riqueza, o romance anuncia a profunda perplexidade de quem a vive."[120] No romance de Nilma, defrontamo-nos com a professora que se questiona sobre o sentido da vida e o sentido do "ser professora", num processo de constituição que vai sendo tecido na sua relação com o aluno Jomar. Por meio do desenvolvimento intersubjetivo dos personagens — a professora e Jomar — que ocupam lugares sociais diferenciados mas complementares na relação de ensino e na sociedade em que vivem, acompanhamos a polifonia do processo de significação do mundo, de si, do outro, para si e pelo outro, atravessado pelo jogo de poder, pela contradição e pela reciprocidade (identificação/oposição) que se explicitam no discurso/como discurso, constituindo, conformando, transformando... Um movimento contínuo articula os sujeitos em interação e a exterioridade das condições de produção dessa relação.

No romance, sugere Benjamim,

> ocorre uma reminiscência criadora, que atinge seu objeto e o transforma (...) O sujeito só pode ultrapassar o dualismo da interioridade e da exterioridade quando percebe a unidade de toda sua vida (...) na corrente vital do seu passado, resumida na reminiscência.[121]

Explicação, compreensão; descrição, análise de conteúdo, narrativa, autobiografia, romance; relevância e centralidade do indivíduo nas interações, relevância e centralidade do outro nas interações, intersubjetividade; modos diferentes de abordar a questão da subjetividade e da sua constituição; modos distintos de conceber o sujeito, a linguagem e a história. Neles, como pesquisadora, deparei-me com as perguntas que me mobilizaram em direção a este estudo da constituição do sujeito como profissional da educação, reconhecendo-as em parte respondidas, em parte aproximadas, em parte ainda vivas a latejantes de possibilidades não apreendidas.

> O espelho são muitos, captando-lhe as feições; todos refletem-lhe o rosto, e o senhor crê-se com aspecto próprio e praticamente imudado, do qual lhe dão imagem fiel. Mas — que espelho?

Nos vãos deixados por esses estudos, a questão persistia, pondo em foco a autocompreensão: afinal, "como ter lucidez num mundo que é jogo de espelhos...?"[122]

A semelhança do personagem de Rosa, mantive a indagação e a empreitada, mergulhando na busca de um modo de aproximação (mais do que de uma explicação), dos modos como aprendemos no curso de nossa vida e na nossa relação imediata com o trabalho, quem somos, que fala é a nossa, que história assumimos; dos processos pelos quais cada um de nós reconhece em si os princípios de nossa profissão e a compreensão que deles vamos elaborando; dos processos pelos quais chegamos a nos analisar e a avaliar como profissionais, e até mesmo dos modos como nos sentimos professoras.

O projeto inscrito nessa busca diz respeito à elucidação do trajeto percorrido, por indivíduos singulares, na explicitação, para si mesmos, de seus sentimento, de seus objetivos e de suas concepções diante dos problemas e princípios fundamentais de uma profissão que se tornou parte de suas vidas, de seu próprio ser.

Projeto temerário: a reflexividade não é observável diretamente. "O melhor o tempo esconde/longe muito longe/mas bem dentro aqui."[123]

Para além dos espelhos:
comunidade de destinos...

O ver-se ao espelho representa um caso muito especial da visão de nosso aspecto exterior por nós mesmos. Aparentemente estamos nos vendo diretamente. No entanto, não é assim; permanecemos dentro de nós mesmos e vemos apenas um reflexo nosso que não chega a ser um momento direto de nossa visão e vivência do mundo: vemos um reflexo de nossa aparência, mas não a nós mesmos em meio a essa aparência, o aspecto exterior não nos enlaça em nossa totalidade; estamos frente ao espelho e não dentro dele.

M. Bakhtin — *Autor y personaje en la actividad estética*

Da dialética dos espelhos à autoconsciência

Ninguém vem ao mundo provido de um espelho. Fomos nós quem os criamos. "Primeiro a humanidade mirou-se nas superfícies de água quieta, lagoas, lameiros, fontes, delas aprendendo a fazer tais utensílios de metal ou cristal."[1] Criados, os espelhos foram para dentro das catedrais, dos palácios, das casas grandes... Popularizados e reduzidos em tamanho, ganharam lugar acima dos lavatórios, refletindo apenas fragmentos de seus possuidores: rosto, pescoço e mãos. "Sim, são para se ter medo, os espelhos."[2] Como então nos contemplar? Como enxergar o que somos, o que temos sido? Como apreender nossa constituição pelo trabalho?

A questão da autoconsciência, entendida como as ações em que o sujeito toma a si próprio como objeto da atividade mental, é cara à psicologia.

A convicção, destaca A. Luria,[3] de que a autoconsciência é primária, enquanto a reflexão do mundo exterior é derivada e secundária, fundamentou a máxima de Descartes — *cogito ergo sum* — e foi uma fonte da psicologia idealista, que sempre procurou a origem da consciência nas profundezas do espírito humano pelos métodos de introspecção.

Marx subverteu esse princípio ao considerar a autoconsciência como um fenômeno resultante do desenvolvimento socio-histórico. A reflexão da realidade externa natural e social (consciência do mundo externo e das outras pessoas) surge primeiro e mediatiza a emergência e a elaboração da consciência de si próprio. "Apenas ao relacionar-se com Paul como uma pessoa semelhante a ele próprio, é que Peter pôde começar a relacionar-se consigo mesmo como uma pessoa."[4]

Lev Vygotsky,[5] no campo da Psicologia, e Mikhail Bakhtin,[6] no estudo da linguagem, desenvolveram essa tese. Não vimos ao mundo providos de espelhos, mas de pares: a consciência de nossa própria individualidade organiza-se e desenvolve-se em nossas relações sociais. "Tornamo-nos nós mesmos através dos outros."[7]

Ao nascer, cada um de nós mergulha na vida social, na história, e vive, ao longo de sua existência, distintos papéis e lugares sociais, carregados de significados — estáveis e emergentes — que nos chegam pelo outro.

> Tudo o que me diz respeito, a começar por meu nome, e que penetra em minha consciência, vem-me do mundo exterior, da boca dos outros (da mãe etc.), e me é dado com a entonação, com o tom emotivo dos valores deles. Tomo consciência de mim, originalmente, através dos outros...[8]

Mediados por nossos parceiros sociais — próximos ou distantes, conhecidos ou ignorados — integramo-nos progressivamente nas relações sociais, aprendendo, por meio delas, a nos reconhecer como pessoas. "A personalidade", destaca Vygotsky, "torna-se uma personalidade para si própria, em virtude do fato de que ela está dentro de si, mediante o ato de ter se mostrado aos outros como tal."[9]

A abordagem histórico-cultural da autoconsciência supõe uma concepção de sujeito que considera como elemento primordial de sua definição a contradição inerente à relação de constituição mútua entre o eu e o outro. O eu só se define em relação ao outro e, nesse movimento, ao mesmo tempo em que "atomiza, porque distingue", integra, porque é relação.[10]

Somente em relação a outro indivíduo tornamo-nos capazes de perceber nossas características, de delinear nossas peculiaridades pessoais e nossas peculiaridades como profissionais, de diferenciar nossos interesses das metas alheias e de formular julgamentos sobre nós próprios e sobre o nosso fazer. A partir do julgamento que os outros fazem de nós, do julgamento que fazemos dos outros e percebendo os julgamentos dos outros sobre nós próprios tomamos consciência de nós mesmos, de nossas especificidades e de nossas determinações.

"Como o corpo se forma inicialmente dentro do seio materno, assim a consciência do homem desperta envolvida na consciência alheia."[11] Os lugares sociais que ocupamos nas relações com os outros marcam o para quê e o para quem de nossas ações e de nossos dizeres, delineiam o que podemos (e não) dizer desses lugares, sugerem modos de dizer... Essas condições explicitam as relações de poder implicadas nas relações sociais. Elas modulam o discurso e o próprio modo de apresentação do sujeito como tal, que vamos produzindo na dinâmica interativa. Mas essa modulação é contraditória, na medida em que somos, ao mesmo tempo, nós mesmos e o "outro do outro" com quem estamos em relação. Em um mesmo indivíduo articulam-se dialeticamente dois lugares sociais distintos e complementares — o mesmo e o outro. "Tanto aquilo que o inspetor faz quanto o que o escravo faz estão combinados em uma só pessoa."[12]

Na dinâmica interativa somos também o(s) nosso(s) outro(s) e jogamos, atônitos ou inadvertidamente, com os nossos desdobramentos. Papéis sociais e significados articulam-se e contrapõem-se, harmonizam-se e se rejeitam, configurando-nos de modos distintos, como sujeitos. Estudar o sujeito implica estudar relações entre sujeitos. Implica lidar com a multiplicidade na unidade do próprio sujeito.

Dessa perspectiva, o espaço da subjetividade é tenso, porque é mais do que aceitar ou não o que o outro faz de nós, ou o que nós fazemos daquilo que o outro fez de nós, uma vez que se assume que o outro nos constitui e nós também o constituímos. As relações com os outros, nossos modos de agir com/sobre os outros, tornam-se formas de relação e de ação sobre nós mesmos. Nosso desenvolvimento caminha para a individualização de funções sociais — transformação de funções sociais em funções psicológicas, aponta Vygotsky. As relações entre as pessoas são a base genética das funções psicológicas e a interação de funções no indivíduo "foi outrora uma relação física entre pessoas."[13]

Esse mesmo movimento é apontado por Bakhtin. Elaboramos o mundo e nos elaboramos no mundo pela palavra do outro, da qual inicialmente nos apropriamos. Depois, assinala Bakhtin, "essas 'palavras alheias' se reelaboram dialogicamente em 'palavras próprias alheias' com a ajuda de outras 'palavras alheias' (anteriormente ouvidas) e, em seguida, já em palavras próprias (sem as aspas, para falar metaforicamente) que já possuem um caráter criativo."[14]

Nesse processo de paulatina transformação das palavras alheias em palavras próprias, passando pela fase das palavras próprias-alheias, nossa consciência se monologiza. As palavras-alheias tornam-se anônimas e esquecemo-nos das relações dialógicas iniciais com elas. A consciência monologizada pelos anônimos, como um todo único e singular, inicia um novo diálogo com novas palavras alheias.[15]

Focalizada a partir do movimento de monologização, a ilusão de unidade do sujeito se dilui: somos povoados por múltiplas vozes; vozes dos outros, que nos constituem, vozes dos múltiplos papéis sociais que desempenhamos, vozes da história que ecoam em nós e nos significam. O outro, próximo ou distante, fala em nós, do mesmo modo que também falamos nos/pelos outros.

Nossa subjetividade configura-se como dispersão. "Com pedaços de mim eu monto um ser atônito", define, poeticamente, Manoel de Barros,[16] àquilo que Bakhtin denomina "dialogia". A dialogia implica sempre polifonia (multiplicidade de vozes) e polissemia (multiplicidade de sentidos), que se encontram, confrontam-se e orquestram-se em cada um de nós.

A multiplicidade e o conflito, que vivemos nas relações sociais em que nos constituímos, também se produzem dentro de nós. Somos uma multiplicidade de papéis e de lugares sociais internalizados que também se harmonizam e entram em choque. Cada um de nós não é apenas professor ou professora. Somos também homens e mulheres, negros, mulatos, brancos, brasileiros, estrangeiros, ou mesmo brasileiros estrangeiros em nosso próprio chão, velhos e moços, pais e filhos, irmãos, esposos, a professora mais antiga da escola, aquela que está iniciando seu primeiro ano de trabalho, a professora militante, a professora não-sindicalizada, a professora que dobra período, aquela que não depende do seu salário para viver etc... Muitos em um.

Desses lugares sociais distintos, que ocupamos simultaneamente, vivemos e valoramos, de modo nem sempre harmônico, os eventos de nossa experiência. "Ser e também não ser", eis nossa questão. A esse choque de sistemas que nos constitui, Vygotsky, tomando emprestado o termo a Politzer,[17] denomina "drama", e o drama "é a dinâmica da personalidade".[18]

O "drama", segundo Politzer, tem duas características fundamentais — a *singularidade* e a *significação*.

Seus personagens são homens singulares — indivíduos em constituição que, nas suas relações com os acontecimentos no interior dos quais se desenrola a vida, agem desta ou daquela maneira. Eles não são processos psicológicos como percepção, memória, vontade, inteligência, representação, mas indivíduos nos quais nos reconhecemos e que vão se constituindo e desenvolvendo funções psicológicas complexas na dinâmica dos acontecimentos reais que vivem,[19] e que por sua vez também são singulares no espaço e no tempo, e concebíveis apenas quando relacionados com indivíduos considerados na sua unidade singular.[20] Ou seja, no drama expressam-se as relações interpessoais de indivíduos que vão se constituindo em condições sociais específicas, não genéricas.

Todo acontecimento na vida humana, destaca Politzer, é um fato significativo. O drama "não é uma simples percepção [da sua encenação material], mas uma percepção associada a uma compreensão."[21]

A compreensão, nos diz Bakhtin, "não pode manifestar-se senão através de um material semiótico",[22] na medida em que "é uma forma de diálogo",[23] em que procuramos nos orientar em relação ao significado do acontecimento vivido, contrapondo a ele sentidos e significados já elaborados em nossas experiências. Em outras palavras, "a compreensão é uma resposta a um signo por meio de signos".[24]

São os signos, socialmente produzidos e compartilhados, que tornam possível ao homem relacionar-se com o outro e consigo mesmo, aponta-nos Vygotsky. E aqui, os três autores — Vygotsky, Politzer e Bakhtin — aproximam-se: "o que faz da atividade psíquica uma atividade psíquica é sua significação".[25]

Embora a atividade mental não seja visível nem possa ser diretamente percebida, ela é exprimível para o outro e para o próprio indivíduo, e igualmente compreensível, por signos. "Fora de sua objetivação, de sua realização num material determinado (o gesto, a palavra, o grito), a consciência é uma ficção",[26] ressalta Bakhtin, do mesmo modo que a atividade reflexiva só é possível na medida em que a atividade mental é recolocada no contexto de outros signos compreensíveis, sendo por eles esclarecida.[27] Para o homem "é impossível relacionar-se diretamente consigo mesmo."[28] Ele só o faz por signos.

Todo gesto ou processo do organismo, segundo Bakhtin, "pode tornar-se material para a expressão da atividade psíquica, posto que tudo pode adquirir um valor semiótico"[29] mas o material semiótico privilegiado do psiquismo é a palavra. Ela está presente em todos os atos de compreensão e de interpretação, sendo o fundamento, a base da vida interior.[30] "O pensamento nasce através das palavras, [elas são] o microcosmo da consciência humana",[31] declara Vygotsky.

Mas "de onde vem o poder da palavra, que é superior ao acontecimento?"[32], indaga-se Vygotsky.

Sua primazia se deve, segundo Bakhtin, ao fato de poder ser produzida unicamente pelos próprios meios do organismo individual, sem nenhum recurso a materiais extracorporais, o que a torna "utilizável como signo interior; [ela] pode funcionar como signo sem expressão externa."[33] Como material flexível, veiculável pelo corpo, a palavra acompanha e comenta os processos de compreensão e de interpretação dos signos não-verbais que, embora não possam ser substituídos por palavras, "banham-se no discurso", "apoiam-se nas palavras e são acompanhados por elas", tornando-se parte da "unidade da consciência verbalmente constituída".[34]

A palavra também está na base da ação voluntária, complementa Vygotsky. Pela palavra dirigimos nossa percepção, nossa memória e nossas ações, controlando a atividade de nosso cérebro.[35] A função reguladora da linguagem, que nasce no processo de formação progressiva da possibilidade da criança subordinar-se à instrução verbal do adulto ao longo de seus três primeiros anos de vida, inibe, em nós, indivíduos humanos, a execução de processos estritamente instintivos, dando origem às ações organizadas sobre uma base social.[36]

O ato voluntário consciente, que em sua origem está dividido entre duas pessoas — a criança e o adulto — passa a ser vivido por uma mesma e única pessoa, graças à mediação da palavra. A palavra do outro, inicialmente uma ordem, transforma-se pela imitação ou pela resistência à ordem transmitida, em linguagem dirigida a si mesmo, assumindo a função de regulação da conduta. "*Homo duplex*" — uma pessoa dupla — escreve Vygotsky, controla (a si mesmo) e é controlado (por si próprio). O "desdobramento experimental de um processo superior (atenção voluntária) num pequeno drama" evidencia, segundo Vygotsky, "a nova divisão em dois daquilo que já havia sido fundido em um.[37]

Na perspectiva da significação, o "drama" revela-se como efeito das interações entre indivíduos: "a natureza psicológica do homem é a totalidade das relações sociais direcionadas para a esfera interior, tendo-se tornado funções da personalidade e formas de sua estrutura".[38] Somos multiplicidade na unidade: nossa atividade psíquica e nossa reflexão sobre ela pertencem tanto aos sistemas ideológicos historicamente constituídos quanto ao sistema do nosso psiquismo, entendido como a unicidade de nosso organismo biológico e a totalidade das condições sociais e vitais em que ele se encontra situado.[39]

Por sermos multiplicidade (de papéis e de vozes) na unidade, nossa consciência e identidade se constituem como contradição, e não como coerência; como multideterminação, e não como indeterminação; como confronto, e não como harmonia. E nesse sentido, podemos afirmar com Geraldi, "somos insolúveis (...) não há um ponto rígido, duro, fornecedor de todas as explicações."[40] Nossa singularidade é "lugar de passagem", é uma condição produzida historicamente na dispersão das interações, no desafio de compreender o vivido ("nem sempre percebido") nas suas incoerências e contradições.

Dessa perspectiva, como apreender, o movimento de constituição e de autocompreensão do "ser profissional" em indivíduos singulares?

Os estudos anteriormente comentados, partindo de situações de reflexão provocadas pelas indagações dos pesquisadores ou da reflexão autobiográfica e da narrativa da experiência vivida, possibilitaram-nos o acesso ao já constituído. Arrolaram significados e especificidades que, enquanto participantes da vida social, atribuímos a nossa atividade como professores. Apuraram alguns dos modos como a percebemos em seus limites e possibilidades; alguns dos modos como a vivemos: motivações, traços positivos e dificuldades genéricas que discernimos em nós mesmos. Apreenderam os resultados de nossa atividade reflexiva, mas não o movimento em que essa atividade foi-se constituindo e nos constituindo, foi-se transformando em nós e nos transformando em nossas relações com o outro.

Dentre eles, apenas o romance de Nilma Lacerda, mergulhando na própria atividade mental, nas emoções e sentimentos experimentados por sua personagem, aproximou-nos do processo de desenvolvimento da autoconsciência, flagrando sua emergência nas relações sociais e adentrando a trama de sua tessitura — "a profunda perplexidade de quem a vive."[41]

Como nos aproximar da dinâmica viva da autoconsciência em indivíduos reais? E aqui, faço minha a indagação dirigida por Bakhtin ao marxismo — "como abordar de modo objetivo, porém refinado e flexível, o psiquismo subjetivo consciente do homem(...)?"[42]

Um modo de aproximação: a produção de sentidos na dinâmica das interações

"Sem a pessoa, não se pode entender o comportamento da pessoa, a psicologia deve ser desenvolvida nos conceitos de drama, e não nos conceitos de processos",[43] destaca Vygotsky, defendendo a "aproximação do vivido", na sua fragmentação e conflitos, no jogo da participação do/com o outro, como condição para uma psicologia humana concreta.

Ele nos aponta a direção do olhar. Não buscar "os conceitos de processos", isto é, modos de atividade psicológica genéricos, considerados na universalidade e indistinção de suas leis de organização. Chama-nos a atenção: "Não é o pensamento que pensa; é uma pessoa. (...) Mais ainda, assim que uma pessoa pensa, perguntamos: que pessoa? (...) O processo será diferente, embora as leis do pensamento sejam as mesmas (...) seu papel num indivíduo específico). Não é indiferente quem pensa".[44]

É para a dinâmica das interações, modos de relação construídos histórica e culturalmente pelos homens, que ele dirige nosso olhar. Interações cujas relações de poder, investidas de necessidades e interesses distintos, articulam-se e contrapõem-se no jogo de papéis e lugares sociais, produzindo signos e significados que constituem os indivíduos. "Esta é a lei da psicologia concreta: o *hic et nunc* específico, não psicologia geral."[45]

Nas relações interpessoais, diferenciadas e irredutíveis umas às outras, constituem-se e desenvolvem-se, em condições sociais específicas, as funções psicológicas complexas culturalmente mediadas.

"O ser humano age sobre si mesmo de uma *maneira social*. (...)

> 1- Uma pessoa age sobre uma outra necessariamente a partir do exterior, com o auxílio de signos.
>
> 2- Uma pessoa age sobre si mesma a partir do exterior e com o auxílio de signos, i.e., de uma maneira social.
>
> 3- Além da regulação intracerebral do comportamento pode-se pensar na hipótese da auto-estimulação como um caso especial de estimulação social."[46]

Contra a psicologia abstrata, que deixa de lado a dinâmica da própria vida, ele nos dá pistas de como olhar:

um método construtivo implica duas coisas: (1) ele estuda antes construções do que estruturas naturais; (2) não analisa, mas constrói um processo (contra um método de compreensão súbita, análise, taquitoscópio).[47]

Construções *versus* estruturas naturais. "Extremamente básico é o fato de que o homem não apenas se desenvolve: ele também se constrói a si próprio."[48] As formas especificamente humanas de atividade não são dadas geneticamente. Elas são produzidas, organizadas e mediadas culturalmente. As funções mentais superiores são produzidas no coletivo, bem como a singularização vai-se produzindo na totalidade de nossas relações sociais, constituindo-se como drama. A "sociogênese é a única perspectiva verdadeira",[49] para abordá-las e para nos aproximar do que somos.

Analisar *versus* construir um processo. De novo a palavra processo. Mas, nesse caso, Vygotsky a utiliza não para referir-se a formas de atividade psíquica, mas sim para apontar o que buscar nas relações sociais por nós vividas: o movimento de produção/elaboração de sentidos nelas em jogo. Assumindo que nosso psiquismo se constitui como drama na totalidade de relações sociais, é para a história do "drama", para o movimento de sua configuração que devemos nos voltar.

No drama,

> que significado têm o amor, os sonhos, o pensamento, a arte? Que tipo de pessoa pensa, ama etc.? (...) Psicologia concreta. As funções mudam de papel: sonho pensamento, inteligência prática. (...) Não existe hierarquia permanente de funções. Portanto: Não existe vontade permanentemente estabelecida. Mas há um âmbito natural de possibilidades para cada função, determinando a esfera de papéis possíveis para essa função."[50]

Daí a necessidade, para Vygotsky, de "construir um processo" e não simplesmente acompanhá-lo e analisá-lo. "Estudar alguma coisa historicamente", define ele, "é estudá-la no seu processo de mudança."[51] Mais do que analisar o sentido produzido, o que interessa é o movimento em que ele vai sendo produzido, reproduzido e transformado, o movimento que sustenta e desloca a configuração apreendida, e a regula. "Uma construção real do próprio processo. Este é um princípio básico."[52]

Estudar o "drama" implica apreender o jogo de papéis e seu conflito na constituição da singularidade. Apreender o movimento, provocar o movimento[53] e pesquisar dentro dele, propõe Vygotsky.

Bakhtin também enfatiza que a realidade do psiquismo interior é a do signo.

> O psiquismo subjetivo localiza-se no limite do organismo e do mundo exterior, vamos dizer, na fronteira dessas duas esferas da realidade. É nessa região limítrofe que se dá o encontro entre o organismo e o mundo exterior, mas esse encontro não é físico: o organismo e mundo encontram-se no signo. A atividade psíquica constitui a expressão semiótica do contato entre o organismo e o meio exterior. Eis porque o psiquismo interior não deve ser analisado como uma coisa; ele não pode ser compreendido e analisado senão como um signo.[54]

Drama e discurso. Na dinâmica interativa, o foco centraliza-se nas *práticas discursivas*, entendendo-as como práticas significativas em que são produzidos e reproduzidos os signos e sistemas de signos que constituem os indivíduos.[55] "A dinâmica de elaboração e de circulação de sentidos produzida nas interações", e entendida como "dialogia", ganha centralidade no processo de investigação.

Os estudos, a partir da perspectiva dialógica, tomam o enunciado como unidade. Na enunciação concreta e única, o enunciado individual e os diferentes domínios da atividade humana entrelaçam-se: um enunciado significa em suas relações com a cadeia de enunciados (históricos) em que se insere. A exterioridade é constitutiva do conteúdo, da forma, do tom (estilo) e dos seus sentidos. Nele encontram-se e articulam-se múltiplas vozes.

A imagem que a proposta metodológica centrada no drama e na dialogia sugere é a de um caleidoscópio, cujo segredo está no movimento. Um mesmo e único conjunto de peças, articuladas na unidade de um único e mesmo objeto, aproximam-se ou distanciam-se, compondo, ao sabor do movimento que lhe é impresso, uma multiplicidade de figuras distintas e não estáticas. Na vida social, os dizeres e práticas significam nas condições de uma enunciação concreta. Os significados vão-se tecendo (e se modificando) no movimento de articulação/negação/negociação das possibilidades em jogo na dinâmica interativa.

O desafio do pesquisar no movimento é que o pesquisador não olha um tecido pronto procura aproximar-se do movimento em que o tecido vai sendo feito. Mergulha na multiplicidade dos fios em movimento, buscando compreender a trama que vai sendo urdida. Como olhar desse lugar do "em se fazendo", como aproximar-se da emergência e do desenvolvimento da autoconsciência do "ser profissional" em indivíduos singulares, em suas relações imediatas com o trabalho?

Os encaminhamentos assumidos diante desse desafio, conduziram-me a este estudo que teve como protagonistas seis professoras, entre as quais me incluo. Reunimo-nos semanalmente, por dois anos (94 e 95), num grupo de estudos, solicitado por elas, e de pesquisa, sugerido por mim, para compartilharmos entre nós leituras, nosso trabalho, nosso viver.

Juntas, ao longo dessas interlocuções, aproximamo-nos de nosso "ser profissional" em constituição, dizendo-nos e sendo ditas, significando e re-significando a nós próprias. Nesse processo, fomos apreendendo os modos como as configurações histórico-culturais, de que têm se revestido o conceito e as práticas do "ser professora", significavam e singularizavam-se em nós, na concretude e materialidade de nossa história pessoal e nas relações de trabalho por nós vividas.

A dinâmica discursiva tecida nesses encontros foi o caminho para o estudo e para a pesquisa a que nos propusemos, seu material e também seu resultado. Ela mediou e constituiu a explicitação do "ser profissional" de cada uma de nós, para nós mesmas. Sua configuração foi determinada pelos projetos de cada uma das participantes do grupo e pelo modo como, juntas, realizamos esses projetos na relação que fomos construindo. A história das inter-relações dinâmicas que se estabeleceram entre o projeto e o realizado é o que tematizo a seguir.

A construção da relação de confiança

> (...) Nenhum tinha rosto. Eram reconhecíveis
> pela expressão corporal e pelo que diziam (...)
> Nenhum tinha rosto. O que diziam
> escusava resposta,
> (...)
> Notei um lugar vazio na roda.
> Lentamente fui ocupá-lo.
> Surgiram todos os rostos, iluminados.
> Carlos Drummond de Andrade — *Comunhão*

Tudo começou assim...

Relações pessoais — professora-alunas-colegas — numa mesma escola e numa mesma rede de ensino nos aproximaram e possibilitaram certa confiança para compartilhar a necessidade e também solicitar a constituição de um espaço de interlocução onde pudéssemos nos dizer no/pelo trabalho.

> Eu estou começando, é meu primeiro ano de trabalho, eu preciso conversar sobre o que estou fazendo, sobre o que estou aprendendo...
>
> Acho que rever...Me rever enquanto professora. Eu preciso disso. Principalmente este ano que não tenho quase experiência com essa idade, crianças de cinco anos...
>
> Conseguir olhar para o que eu estou fazendo, para o que eu estou sendo como professora.
>
> Refletir para poder re-orientar o meu trabalho, replanejar, fazer de outros modos...
>
> Pensar junto... A solidão da escola é terrível...
>
> Poder falar com gente em quem eu confio.

Dessa solicitação surgiu a primeira proposta: organizarmos um grupo de estudos, sem qualquer vinculação institucional, onde pudéssemos ler e conhecer as idéias de Vygotsky e, mediadas por elas, refletir sobre nosso trabalho pedagógico cotidiano.

Necessidades e desejos articulados; o acesso às idéias de Vygotsky, uma teoria em voga entre os educadores; o desejo de fazer sentido as referências a ela feitas, nos textos, palestras, encontros e até nas conversas; a necessidade do conhecimento para não se sentir (ser) excluída; desejo e necessidade, também, de ter com quem falar do próprio trabalho fora da escola foram os propósitos com os quais constituímos o grupo.

No primeiro encontro cada uma de nós apresentou-se, falou sobre seu interesse em estar ali e sobre seus objetivos. Comentei, nesse momento, meu envolvimento com a pesquisa que começava a se esboçar. Explicitei o tema e o porquê do meu desejo em abordá-lo. Levantei a possibilidade, que me havia ocorrido, de articularmos nossos interesses e objetivos — estudar e pesquisar — num grupo de estudos que poderia ser também o grupo de pesquisa. Tal proposta requeria que gravássemos nossos encontros, tomando-os como "material" da pesquisa, sobre os quais todas teríamos acesso e autoridade para selecionar o que seria divulgado. Além disso, a análise desses encontros, ainda que conduzida e sistematizada por mim, seria compartilhada, questionada, discutida e redimensionada com o grupo, numa perspectiva de co-participação.

A aceitação de minha proposta imprimiu ao trabalho, que então iniciávamos, um outro caráter, uma outra amplitude. Tornamo-nos um grupo de estudos e de pesquisa, do qual participamos, durante dois anos como professoras-pesquisadoras da nossa própria condição profissional.

E aqui se explicita nossa "comunidade de destino": compartilhávamos a mesma atividade profissional e desejávamos compreendê-la na nossa própria vida.[56]

Na dinâmica discursiva, tecida encontro a encontro, mediadas por nossos pares, fomos nos dando conta, cada uma a seu modo, das professoras existentes em nós. No "drama" de elaborá-las (e de percebermos o quanto éramos também elaboradas por elas), construímos um saber coletivo sobre o fazer pedagógico e sobre a constituição do ser professora. O movimento vívido em que essas relações foram sendo produzidas por nós/em nós foi sendo reconstruído.

Nos primeiros meses, o estudo dominou a cena. "Ouvíamos" Vygotsky. Buscávamos fazer sentido de suas palavras, buscávamos delas nos apropriar. Dialética, materialismo histórico, signos, linguagem, mediação, cultura... Dos seus dizeres emergiam conceitos complexos e desconhecidos, entretecidos às teorias do conhecimento e do desenvolvimento. Seu fascinante debate com as teorias da Psicologia, acerca da especificidade do humano, caía sobre o grupo como uma avalanche, apagando o caminho a seguir. "Como poderíamos ter acesso a uma paisagem que não [era] mais aquela que [víamos], mas, ao contrário, aquela em que [éramos] vist[as]?"[57]

Uma pungente sensação de ignorância silenciava: quanto a conhecer! A própria dúvida mal conseguia ser formulada: "Diante de tanta coisa que eu não conheço, que não faz sentido, eu nem sei o que perguntar, como perguntar, o que dizer..." O desejo de conhecer quase se afogava em nós.

Com o não-saber as perdas também se revelavam. Fomos nos dando conta de como o cotidiano do trabalho com a criança na escola, o pensar sobre o fazer do dia a dia nos afastara do hábito de estudo, de discussão e da leitura de textos densos:

> Eu fiquei pensando outro dia enquanto tentava ler o texto: faz um ano praticamente que eu estou sem estudar, correndo atrás da prática, do trabalho do dia-a-dia na sala de aula. A gente vai separando, se afastando das leituras, vai perdendo aquele exercício de ficar lendo, refletindo sobre o que leu, interpretando mesmo o texto, como fazia na Faculdade...

Cindidas entre o pensar e o fazer, entre o estudar e o atuar — espoliação do direito ao conhecimento e ao desenvolvimento, sutilmente engendrada pela organização do trabalho — buscamos alternativas que pudessem, atenuando as agruras do percurso de elaborações lentas, re-construir a dignidade e o sentido do trabalho em nós.

Um caminho foi garantir o acesso ao texto, explicando-o. Uma voz mediando outra, destacando aspectos da enunciação do autor, explicitando conceitos. Uma interpretação mediando a elaboração de outras interpretações.

Outro caminho foi o da complementação das lacunas de conhecimento por meio do estudo. Estudamos. Buscamos textos complementares (novas vozes) que nos ajudassem a esclarecer conceitos. Aproximamo-nos da Filosofia para explicitar as visões de homem, de mundo e de conhecimento que sustentavam os pressupostos assumidos por Vygotsky, explicitamos (e situamos) os principais interlocutores convocados por ele em seus textos, contextualizamos o homem e sua obra.[58]

E ainda um outro caminho nasceu das formas de enfrentamento da leitura. Como persistir na leitura, quando o texto ia se tornando mata cerrada, sem vislumbres de entendimento? Como prosseguir e persistir apesar das dificuldades? Trabalhamos na perspectiva do adentramento, avançando no texto, apesar de sua obscuridade, deixando-o "falar", até sermos surpreendidas, mais adiante, pela alegria do encontro de pequenas clareiras de entendimento, cuja interpretação buscávamos confirmar, perguntando ao outro, perguntando ao próprio texto, e assim seguir abrindo pequenas trilhas...

Desse trajeto de estudo e de enfrentamento emergimos diferentes. As dificuldades de entendimento começaram, acanhadas, a se revelar e, com elas, um tempo de perguntas tímidas:

> É difícil essa idéia de mediação..."; "O que é signo?"; "Me explica a fala egocêntrica. O texto diz assim: 'a fala egocêntrica é a base para

a fala interior, enquanto que na sua forma externa está incluída na fala comunicativa.'

Vivemos um tempo de incômodo diante de teses que punham por terra antigas convicções: "Gente, eu nunca pensei nessa hipótese do jogo não ser prazeroso!"

"Quer dizer, então, que não tem essa história de esperar para que a criança esteja pronta?!"

Um tempo também de espanto diante do reconhecer-se em alguns dizeres do autor; de vibração diante da teoria de educação com ele compartilhada: "Dá um certo alívio encontrar uma teoria que resgata o nosso papel como professoras..." Ou então dizíamos:

> Interessante, à medida que fomos lendo e eu fui entendendo o que o Vygotsky escreveu, eu consegui enxergá-lo na minha classe. Uma classe heterogênea, onde um ajuda, divide o que sabe com o outro. Eu estimulo isso, essa idéia de trabalharmos juntos. Fortalece o grupo. Fortalece a identidade como grupo. Não tem aquela história do melhor da classe. Cada um sabe o que domina, o que não domina, o que precisa estudar mais, em que precisa de ajuda e em que pode ajudar o outro. Alguns pais estranham no começo do ano. As crianças também. Elas chegam acostumadas a um esquema mais individualista, mas depois é tão legal! Vai crescendo aquele sentimento de sermos um grupo — "somos a classe tal". Temos uma história em comum que vamos produzindo e registrando ao longo do ano."

Foram necessários cinco meses de aproximação... Só então, passamos a ler Vygotsky. Ousávamos conversar com ele, dirigir-lhe perguntas, replicar os seus dizeres... Foram necessários cinco meses de aproximação... Aproximação com Vygotsky, aproximação entre nós. Começamos a falar de nós, a trazer para nossa interlocução, mediada por Vygotsky, as inquietações e sentimentos diante do nosso trabalho diário como docentes.

A articulação entre o estudo e o trabalho, colocada como objetivo, precisou de tempo para se materializar. No nosso ponto de partida, não conhecíamos, ainda, o nosso não-saber, a nossa leitura enrigecida, a nossa prática de discussão e de reflexão secundarizada e até silenciada pelos/nos rituais do fazer/viver cotidiano... O esforço de decifração e de interpretação dos dizeres de Vygotsky sobre a constituição do humano, foi também esforço de decifração e de interpretação do que já éramos e do que ainda em nós estava em elaboração.

A constituição do grupo também exigiu tempo. "Tem gente que não se mostra logo, guarda tempo pra se mostrar",[59] ensinamo-nos a nós mesmas.

Ao longo desses cinco meses, cada uma de nós foi construindo uma atitude com relação às outras, como destinatárias dos nossos dizeres. Fomos construindo, encontro a encontro, uma proximidade/ intimidade como interlocutoras, uma confiança no acolhimento e na compreensão de "nossas palavras" e uma identidade como grupo, que nos possibilitou trabalhar em co-participação.

O vínculo de parceria e confiança que se formou entre nós, no trabalho de reflexão e análise que fomos produzindo ombro a ombro, ficou documentado no tom intimista das interlocuções.

Num estudo sobre os gêneros discursivos, escrito entre 1952 e 1953, Bakhtin caracteriza o "discurso íntimo" como aquele em que há "uma espécie de fusão completa entre a pessoa que fala e o destinatário do seu discurso".[60] O discurso íntimo, destaca ele, é marcado por uma profunda confiança, da parte do sujeito que fala, em relação ao destinatário do seu discurso: em relação ao seu consentimento, em relação à delicadeza e à boa intenção de sua compreensão de resposta. Nessa atmosfera de profunda confiança, o sujeito fala ao outro de seus sentimentos internos, profundos. Esse modo de relação determina a expressividade e a "sinceridade interna" desse gênero de discurso, revelando, com muita clareza, a dependência existente entre o estilo (o modo de dizer) e a concepção e a compreensão que o locutor tem de seu destinatário (isto é, como concebe seu próprio enunciado), assim como da idéia que faz de sua compreensão de resposta.[61]

Cinco meses de aproximação... Tempo de aprendizado. Tempo de formação. Tempo de (re)conhecimento.

Debruçadas sobre o vivido, nossa matéria e nossa questão, resgatamos as marcas e pistas deixadas em nós pelos meandros trilhados no aprendizado e na elaboração cotidiana do "ser professora". Refletimos sobre elas, no jogo da participação do/com o outro. Compartilhamos, então, fragmentos de nossas histórias de vida e dentro delas a escolha profissional. Refletimos sobre a organização do trabalho pedagógico, sobre nossas relações com os alunos, com outras professoras, com a direção, com funcionários da escola, com a própria família... Falamos de nossos medos, de nossas ansiedades e da desconfiança; da "solidão no noviciado" e da "cumplicidade dos iniciados".[62] Discutimos sobre nossos saberes e sobre nosso não-saber...Confrontamos nossas relações com a leitura e com os produtos culturais relativos ao ensino, que mediatizam a prática pedagógica. Confrontamos e compartilhamos modos de preparar aulas, de avaliar, de registrar o próprio fazer/fazer-se...

Na riqueza e diversidade das trocas que se estabeleceram, procuramos apreender não só "os modos pelos quais fomos" elaborando e re-elaborando, no/com o grupo, os sentidos do "ser professora" e sua constituição em nós, produzindo um saber sobre esse processo e um modo de ser como indivíduos (nossa subjetividade). Também nos indagamos acerca do que nos levava a compartilhar com o grupo o que éramos e o que estávamos sendo.

Mais do que os modos de dizer-se, reconhecer-se e sentir-se professora, resultantes desse percurso, interessou-nos o próprio percurso em que eles foram sendo produzidos, na sua fragmentação, encontros e conflitos. Observamos:

Como cada uma de nós narrava, descrevia e/ou analisava suas leituras, os episódios vividos na escola (com as crianças, com seus pares e com seus superiores hierárquicos) os modos de ação no trabalho; a vivência das regras e papéis que organizam as relações na escola?; o que destacava como relevante; o que destacava como dificuldades ou obstáculos nas vivências compartilhadas; como e que tipo de ajuda solicitava ao grupo; como ocupava e/ou construía espaços de interdição, silêncio, controle e de negociação dos modos de ver, ouvir, falar e fazer na escola e no próprio grupo.

Como o grupo mediatizava as vivências que eram narradas; que comentários, que perguntas e que sugestões eram feitas; que análises eram formuladas a partir dos relatos individuais; o que era destacado nas narrativas.

Que relações eram tecidas entre os discursos; como os efeitos de sentido,[63] produzidos nas interlocuções, iam sendo elaborados e incorporados (como aceitação ou recusa) às reflexões individuais sobre o vivido, constituindo-as?

No movimento em que os modos de "dizer-se, reconhecer-se e sentir-se professora" foram sendo produzidos, reproduzidos e transformados, em nós e por nós, na dinâmica das interações, construímos este trabalho, cujo registro me coube. E este é um limite, que é importante reconhecer e aclarar.

Somente eu, no grupo, ouvi demorada e repetidamente as fitas, transcrevi nossos dizeres e tive a liberdade de selecionar parte de nossas palavras e compor com elas o texto que se segue. Os recortes foram meus, ainda que antes de sua divulgação tenham sido lidos e autorizados por suas personagens.

Esses recortes ajudaram-me a delimitar o âmbito do estudo e seu alcance. Embora este trabalho possa ser enquadrado no movimento de re-estudo dos professores, ele não é, estritamente, um estudo sobre professoras. Professora foi a condição a partir da qual busquei aproximar-me da dinâmica das relações envolvidas na constituição do "ser profissional" em indivíduos singulares, para compreendê-la em seu processo de desenvolvimento. Nesse sentido, este trabalho pode contribuir para o estudo dos processos de desenvolvimento, de elaboração do conhecimento e de reflexividade nos indivíduos adultos; para as discussões acerca da subjetividade e para o estudo de temas e questões voltados para a formação de professores.

Finalizando, para enfrentar a tarefa de entendimento do processo que vivenciamos, procurei, como pesquisadora, explicitar para o grupo e, em muitos momentos, com ele, os entrecruzamentos entre psicologia e linguagem, filosofia e história, valendo-me (e compartilhando com minhas companheiras de percurso) das reflexões de alguns autores sobre a constituição do sujeito (em especial Vygotsky, Politzer e Bakhtin). Também foram fundamentais as reflexões de Deleuze sobre os signos na obra de Proust, o estudo sobre psicopatologia do trabalho de Christophe Dejours,[64] as relações entre trabalho, subjetividade e poder tal qual analisadas por Maria Inês Rosa,[65] análises históricas e sociológicas sobre a escola, o educador, o trabalho... E a literatura (sempre).

Tornar-se professora:
história e memória

Nunca se pode saber de antemão de que são capazes as pessoas, é preciso esperar, dar tempo ao tempo, o tempo é que manda, o tempo é o parceiro que está a jogar do outro lado da mesa, e tem na mão todas as cartas do baralho, a nós compete-nos inventar os encartes com a vida.

José Saramago — *Ensaio sobre a cegueira*

O jogo

Noite de terça-feira. O grupo de estudo e pesquisa reunia-se uma vez mais. Há cinco meses cumpríamos nosso ritual semanal. No início éramos dez. Agora éramos seis. Seis mulheres. Seis professoras. Anônimas. Facilmente substituíveis, entre milhares espalhadas pelas escolas, e em muito, semelhantes a elas.

Nossas idades variavam dos 20 aos 45, bem como o estado civil, a formação, o tempo de serviço, a condição de classe, os locais de trabalho de cada uma. Nas diferenças, o que nos unia, além do fato de sermos mulheres-professoras, era o desejo expresso, de modos também diversos, de conhecer o nosso "ser profissional", constituído nas relações de trabalho e nas relações de cada uma de nós com o trabalho.

Sentadas à mesa, em torno da qual nos reuníamos, rostos iluminados, nos indagávamos. (Talvez, aí, nossa particularidade: essa insistência em perguntar-nos...)

1º lance: dom ou sorte?

> Hoje, na escola, vi uma professora tão apagada, tão desmotivada, de mau-humor... Parecia estar ali apenas para cumprir suas quatro horas. Ela trabalha com Maternal III, uma fase tão linda, em que as crianças aprendem muito... aprendem tudo... e, no entanto, lá estava ela, desanimada, apagada... E isso acontece em todas as escolas. Professoras interessadas e envolvidas no trabalho escolar e outras totalmente alheias. O que será que leva algumas de nós a buscar tanto e outras a nada buscar? perguntava Maria do Carmo. Será que isso é uma questão de dom? Será que é uma questão de sorte?

Ou de falta?...

Questão de incompletude, diria Clarice: "Quem se indaga é incompleto."[1] Vive a falta...

2º lance: nem dom, nem sorte — história...

> Espera lá! Você está querendo fazer uma análise da professora que está aí, a partir da situação em que ela se encontra agora, retrucou Antonieta. Você se pergunta sobre as razões que a levam a estar assim, e as respostas para isso não vão ser encontradas no imediato. Como ela chegou até aí? Isso tem uma história, a história que ela é... Não estou pensando em sorte, nem em dom. Eu estou pensando no que a gente vive, nas escolhas que a gente faz.
>
> Eu penso que começa aí, no momento da opção por uma profissão. Eu considero que esse momento de escolha profissional está relacionado com o que a gente observa no magistério. Muitas pessoas começam esse curso porque ainda acham que é mais fácil, porque é uma profissão própria de mulheres, por falta de condições econômicas para continuar estudando... Se pensarmos nas condições que os jovens têm para fazer suas opções profissionais, vamos perceber que há muitas razões para a existência do quadro a que você se referia...

(E como é que se escolhe? O que antecede e o que possibilita que se faça uma escolha? O que começa com a escolha feita, se ela, por sua vez, nasce de outras escolhas, de determinações e até de acasos? Não passa por aí a história que cada um de nós "é"?)

3º lance: na história, a mulher...

Sentada em uma das extremidades da mesa, Maria Lúcia sorriu, rememorando:

> Você se indaga acerca do que leva algumas professoras a buscarem tanto, a se preocuparem em rever a prática educativa, e outras a nada buscar. As razões são tantas e tão inesperadas. A questão que você coloca é existencial. Sua fala me fez pensar no caminho que eu percorri para chegar a ser professora.
>
> Eu estava com 19 anos, tinha acabado o colegial, ia me casar em setembro. Minhas amigas, todas, estavam prestando vestibular. Eu não! Eu ia ficar casadinha... Eu fui criada para isso. Estudei em boas escolas, mas no fundo, o meu pai, um pequeno produtor de frutas, patriarca assumido, o cabeça da família, sempre me viu como uma futura dona de casa, mãe de muitos filhos, como fora a minha mãe. A sua menina, cercada pelos quatro irmãos, eternamente criança — uma criança de 12 anos.

De repente, foi me dando uma sensação de vazio... Eu falei: Não! Eu preciso fazer alguma coisa! Eu precisava fazer alguma coisa! Foi na piscina, sob o sol de um janeiro escaldante, que minha tia, professora há anos, sugeriu: " Maria Lúcia, por que você não faz magistério? Com o colegial concluído, é só cursar mais um ano, e pronto. Durante esse ano de curso, você vai pegando substituições nas escolas em que fizer estágio."

Tudo bem, mas com que intuito minha tia sugeriu o magistério? Mais do que a idéia de uma carreira profissional, ela estava sugerindo uma atividade com a qual eu pudesse ocupar meu tempo fora do trabalho de casa.

Gostei da idéia. Ela reunia facilidades. Um ano mais e eu teria um título que me permitiria ocupar o tempo e ainda ganhar algum dinheirinho. Até meu pai aprovou. Eu lembro que ele me disse: "É bom, porque mesmo que você não exerça a profissão, o curso vai ajudar na criação dos seus filhos...". É uma coisa bem cultural, professora é profissão de mulher. Você é criada para casar, ter filhos e educá-los, então... faça o magistério. Hoje deve ser diferente, mas na época do meu pai, o raciocínio era esse: suas colegas faziam o magistério pensando muito mais na educação dos filhos do que em ser professoras.

Procurei o colégio e fui informada de que teria que cursar muito mais do que um ano. Eu teria que voltar para o 1º. magistério. Apenas eliminaria as disciplinas que tivesse cursado no colegial. Apesar disso, continuei achando a idéia interessante e vim pra o Magistério assim por vir.

O que aconteceu? Levei uma bofetada, porque fazer o curso acabou sendo a minha sorte. Eu fiquei apaixonada pela educação. Pela primeira vez na minha vida, alguma coisa, ecoava e fortalecia-se aqui dentro. Eu que fui repetente duas vezes, na quinta série e no 1º. Colegial, que sempre dei trabalho na escola, que não gostava de estudar, que não via sentido em estar na escola, de repente, me descobri gostando de tudo isso e sendo uma ótima aluna.

Hoje, eu acho que surpreendi tanto o meu pai, porque além do magistério eu fiz uma faculdade, trabalho e tenho um filho só... Ele é inconformado até hoje com o fato de eu ter um filho só... Tudo está surpreendendo...

Foi uma questão de ideal seu...

Não acho que foi questão de ideal... Eu não estava perseguindo nada. Fui sempre moleca, morava no sítio, brincava de esconde-esconde o dia inteiro e não gostava de estudar — e muito menos de brincar de ensinar. Nunca pensei em ser professora. Poderia ter feito o curso por fazer e decidir dar aula por dar, sem maiores compromissos, sem desejo e ser uma desanimada com a profissão. Poderia acontecer isso com qualquer outra profissão, mas tive a felicidade de descobrir, num momento da minha vida, alguma coisa de que eu gostasse. E aí eu acho que foi uma questão existencial mesmo. Descobri sem querer alguma coisa que me preenchia, em que eu via sentido e me encontrei...

- O que é raro para as pessoas hoje em dia...

- É... fazer o que tem prazer

- Então eu me encontrei, e daí surge um monte de questões. A partir do gosto, vem a questão do compromisso com aquilo que você faz, que não tem sentido para quem faz alguma coisa por fazer. Compromisso com a educação é uma coisa que muita gente nem sabe o que é, porque primeiro ela não tem nem o compromisso com ela mesma, porque às vezes está fazendo uma coisa que não quer...

Hoje, [emocionada] trabalhando com meus alunos, ensinando e aprendendo com eles, me surpreendo: Meu Deus, eu nasci prá isso!

Ainda emocionada, silencia. Depois acrescenta:

- Nossa! Que depoimento de vida eu acabei dando! Nunca pensei, nem me vi assim, dizendo essas coisas para outras pessoas.

Respondendo a Maria do Carmo, pelo caminho apontado por Antonieta, Maria Lúcia narrou-nos as condições em que chegou à profissão de professora.

A jovem, proveniente de um meio social portador de uma cultura patriarcal, identificada com a condição futura de dona de casa ("Eu ia ficar casadinha... Eu fui criada para isso."), viu romperem-se suas certezas. Diante das amigas que prestavam vestibular, sua iminente condição de dona de casa produziu, nela, uma sensação de vazio e a urgência de buscar um outro "sentido" para sua existência.

"Não existe vontade permanentemente estabelecida", nos diz Vygotsky. Há um âmbito de possibilidades, que vamos apreendendo em nossas relações sociais.

A possibilidade que se explicitou de não vir a ser exatamente aquilo que se tomava por certo veio das relações sociais vividas por Maria Lúcia fora da família. Foram as amigas, que prestando vestibular em busca de uma carreira, instauraram, dentro dela, o embate entre dois modos de se apresentar como mulher: a dona de casa e a profissional.

Cada um desses papéis sociais determina uma série de atividades práticas, mobiliza funções psicológicas, implica modos de relação, valores e prioridades que se ordenam de modos distintos nas diferentes esferas da vida social.

De um lado, uma vida "crivada de esperas (é preciso esperar que a água ferva, que o assado esteja no ponto, a roupa seca...)",[2] sem um projeto próprio, a exigir constante disponibilidade diante das tarefas reprodutivas voltadas para a satisfação imediata das necessidades da família. "São coisas que se fazem, são consumidas, se refazem"[3] repetidamente iguais a si mesmas, dia após dia, ano após ano. "São tarefas que exigem atenção (...) mais do que uma atuação constante"[4] — estar atenta às crianças, estar atenta ao preparo dos alimentos, estar atenta aos horários da família — e apresentam-se como necessárias e inevitáveis, configurando, nas palavras de Mariano Enguita, "uma condição, algo quase perene".[5]

Para a condição de dona de casa, a cultura e os valores escolares, entendidos como o conjunto daquilo que se ensina deliberada e explicitamente — informações, habilidades intelectuais etc — e daquilo que se ensina sub-repticiamente — valores e atitudes frente ao mundo do trabalho e das relações entre os homens — parecem não contribuir decisivamente. Os saberes práticos, que o trabalho doméstico parece exigir da dona de casa, encaminhado quase sempre para a satisfação imediata das necessidades, são mais ou menos o inverso do saber teórico, da ética do progresso e da inversão para o futuro que administra e estimula a escola, analisa Mariano Enguita.[6] Além disso, expectativas tradicionais em relação à mulher, tais como a afetividade, ternura, sensualidade etc., não se enquadram bem com a competitividade que a escola requer, nem com o êxito intelectual manifesto.

A atividade profissional, do outro lado, abre a perspectiva de uma atividade remunerada externa à vida familiar, a exigir disponibilidade por um tempo delimitado e uma atuação específica, passível de ser pensada como uma carreira, aberta ao ainda por vir. Um projeto de vida identificado com a cultura e os valores escolares.

Nesse embate, diferentes modos de relação ganham centralidade. Para a dona de casa, a família é o catalisador de suas atividades e os papéis de esposa e de mãe definem os contornos do seu modo de ser mulher e de reconhecer-se como sujeito. A atividade profissional é espaço de outras relações e lugares sociais, que passam a ser vividos pela mulher. Esses lugares sociais implicam modos de ação e preocupações distintas das práticas familiares, passando a dividir, com elas a determinação das suas atividades, a definição de prioridades frente a essas atividades e sua própria motivação. A atividade profissional não apaga os papéis de esposa, dona de casa, mãe, filha. Acrescenta-se a eles, mas rompe com a relação de continuidade e harmonia existente entre eles.

Não foi apenas a jovem em vias de se casar que buscou um outro sentido para sua existência, que buscou uma identidade profissional. A filha, que Maria Lúcia também era, enfrentava-se com os projetos que o pai sonhara para ela ("estudei em boas escolas, mas no fundo, o meu pai, um pequeno produtor de frutas, patriarca assumido, o cabeça da família, sempre me viu como uma futura dona de casa, mãe de muitos filhos, como fora a minha mãe. A sua menina, cercada pelos quatro irmãos, eternamente criança — uma criança de 12 anos"). Mesmo nessa relação de enfrentamento e de resistência à mulher idealizada pelo pai, a filha ainda buscou sua aceitação e seu reconhecimento ("até meu pai aprovou a idéia. Eu lembro que ele me disse: "É bom, porque mesmo que você não exerça a profissão, o curso vai ajudar na criação dos seus filhos..."). E, ainda que discordando de seu argumento, procurou justificá-lo ("na época do meu pai, o raciocínio era esse"). Oposição e acatamento num movimento tenso e constante dentro de uma mesma e única mulher...

A esposa, a dona de casa, a filha, a futura professora, a estudante que Maria Lúcia voltou a ser coexistiam e enfrentavam-se numa única pessoa, reorganizando e mobilizando convicções, crenças e valores e também o próprio modo de viver cada um desses papéis sociais.

A adolescente que não se acomodara às exigências da instituição escolar, repetia de ano e não vira sentido no saber que ali se administrava e estimulava ("não gostava de estudar, não via sentido em estar na escola"), ao voltar à escola, pelas mãos da mulher que buscava definir-se num projeto profissional, viveu uma experiência distinta das anteriores ("de repente, me descobri gostando de tudo isso e sendo uma ótima aluna").

A situação de rejeição dos valores e da subcultura da escola vivida por Maria Lúcia em sua primeira experiência como estudante, mais do que uma atitude individual, expressava "uma atitude coletiva, elevada ao grau de resistência sistemática embora informal, graças à preexistência de uma cultura de classe a que os alunos não identificados com a cultura escolar podem aferrar-se facilmente",[7] opondo à instituição escolar outros valores de referência, conforme aponta Enguita.

Entre o alunado feminino, a rejeição das exigências escolares é explicada por esse autor com base no papel tradicional atribuído à mulher em nossa sociedade patriarcal, ainda amplamente vigente (e vivido por Maria Lúcia em suas relações familiares). Papel esse que nem sempre se ajusta bem ao que a escola propõe às jovens, configurando, então universos diametralmente distintos, em que se contrapõem saberes práticos *versus* saber teórico; permanência e continuidade *versus* ética do progresso e da inversão para o futuro; afetividade, ternura, sensualidade *versus* competitividade e êxito intelectual manifesto.

Em meio a esse jogo de imagens no qual se configuram nuances de que a condição feminina se reveste em nossa sociedade, ressalta Enguita, é difícil à jovem que identifica seu futuro com a condição de dona de casa considerar sua presença na sala de aula e sua acomodação às exigências da instituição escolar como uma adequada preparação para a vida. A própria "cultura da feminidade", que emerge desse papel tradicional atribuído à mulher e que o sustenta, fornece a essas jovens estudantes, formas de comportamento, valores e projetos de vida a serem opostos aos da instituição escolar, bem como elementos nos quais basear sua resistência às demandas institucionais da escola e com os quais justificar o fracasso.

Nesse embate, Enguita observa que as jovens de classe média tendem a buscar uma simbiose entre a cultura escolar e os elementos tradicionais do papel da mulher, construindo, nas suas palavras, "uma feminidade mais aberta a uma incorporação parcial dos valores masculinos, isto é, dos valores recompensados pela sociedade global"[8] (e pela escola).

A busca dessa simbiose também se revelava no depoimento de Maria Lúcia. Ao voltar à escola, tendo em vista garantir uma via de ingresso no mercado de trabalho e com ela, o redimensionamento de um projeto de vida para si, Maria Lúcia resignificou sua relação com as práticas e valores daquela instituição.

À primeira vista, acostumados que estamos às generalizações, podemos ler, nos dizeres de Maria Lúcia, a reafirmação das velhas explicações acerca da feminização da profissão docente, baseadas na proximidade entre os papéis de professora, dona de casa e mãe e nas facilidades de conciliação entre a atividade profissional e as atividades domésticas. Conciliação essa explicitada pelo pai, no argumento utilizado para justificar a aceitação da escolha feita pela filha, e inúmeras vezes criticada, nos estudos acerca das professoras da escola fundamental e das mulheres que procuram os cursos de Magistério e de Pedagogia,[9] como um dos fatores da "ausência de profissionalismo" entre as mulheres-professoras.

No argumento do pai, a proximidade entre o ser dona de casa e o ser professora era encarada de modo positivo. Como professora, a filha continuaria junto a crianças e num espaço onde a presença do homem e o convívio com um número grande de pessoas exercendo atividades diversas seria limitado.

No entanto, o relato de Maria Lúcia evidenciava que, por trás da aparente mera continuidade entre a dona de casa e a professora, redimensionamentos foram sendo produzidos nos seus modos de viver cotidianamente a própria condição feminina e profissional. Dessas mudanças ela nos falou. Mais do que uma via de ingresso no mercado de trabalho, Maria Lúcia viveu o drama da constituição de um modo de apresentar-se como mulher "em si própria", "para os outros" e "para si própria".[10]

Na dinâmica das suas relações na família (especialmente com o pai) e fora da família (com as amigas e na formação profissional), Maria Lúcia foi elaborando para/com os outros e para si um modo de viver a sua condição de mulher. "Tornamo-nos nós mesmos através dos outros."

Os meandros da constituição de sua subjetividade passaram por sua condição de dona de casa e por sua escolha profissional. A mulher dona de casa e a professora em constituição, embora não se confundissem como papéis sociais, fundiram-se numa mesma e única pessoa. A mulher-esposa, a mulher-filha e a mulher-professora constituíram-se simultânea e reciprocamente.

Foi dessa constituição recíproca e da sua transformação como mulher e como professora ("uma questão existencial", como ela própria definiu), que Maria Lúcia falou ao grupo, num discurso íntimo,[11] perpassado pela emoção e que ela própria caracterizou como depoimento.

A professora (dimensão profissional) re-significou para a esposa/filha o papel da formação escolar, na medida em que tornou possível, a ela, imaginar uma vida futura, como carreira.

A mulher que parecia acatar a sugestão da tia, aceita pelo pai, como uma saída para o dilema que estava vivendo, à medida que foi se identificando com a atividade profissional no curso de sua formação, re-significou, na professora em constituição, o sentido inicial da opção pelo magistério, lendo-a como auto-realização mais do que como ocupação:

> Então eu me encontrei, e daí surge um monte de questões. A partir do gosto, vem a questão do compromisso com aquilo que você faz, que não tem sentido para quem faz alguma coisa por fazer.

"O trabalho tem dois lados", destaca Agnes Heller, "como execução de uma tarefa é parte orgânica da vida cotidiana, como atividade é objetivação diretamente genérica. Ao perder qualquer forma de auto-realização, [ele] torna-se uma parte inorgânica da existência, 'a maldição da vida cotidiana', servindo exclusivamente à conservação da particularidade.[12]

O redimensionamento do magistério como forma de auto-realização, além de produzir comentários de concordância e de valorização por parte de suas interlocutoras ("que é raro para as pessoas hoje em dia"; " É (...) fazer o que tem prazer"), possibilitou à mulher professora em constituição ler criticamente as posturas assumidas pela tia ("Tudo bem, mas com que intuito minha tia sugeriu o magistério? Mais do que a idéia de uma carreira profissional, minha tia sugeriu uma atividade com a qual eu pudesse ocupar meu tempo fora do trabalho de casa.") e pelo pai ("É bom, porque mesmo que você não exerça a profissão, o curso vai ajudar na criação dos seus filhos") diante do desejo de um outro projeto de vida manifestado pela mulher dona de casa, afastando-a delas.

Esse movimento de re-significação é, também, um indicador do importante papel que o trabalho assumiu, como mediador, no processo de constituição de sua singularidade na trama das relações sociais, em que a esposa, a filha e a professora entrelaçaram-se e hierarquizaram-se, modulando seus modos (surpreendidos e surpreendentes) de dizer-se mulher e professora:

> Hoje, eu acho que surpreendi tanto o meu pai, porque além do magistério eu fiz uma faculdade, trabalho e tenho um filho só... Ele é inconformado até hoje com o fato de eu ter um filho só... Tudo está surpreendendo...
>
> Hoje, trabalhando com meus alunos, ensinando e aprendendo com eles, me surpreendo: Meu Deus, eu nasci prá isso!

4º lance: vocação ou aprendizado?

A ambiência de intimidade e de confiança, estabelecida a partir da narrativa de Maria Lúcia, impulsionou Maria do Carmo a falar de si.

> - Ai, deixa eu contar a minha história. Eu acho que tem alguma coisa a ver com o dom. Eu sei, eu sei que essa teoria é ideológica...Na faculdade a gente ouve muito isso!! Que o dom está ligado à caridade... Que o magistério tem muito de caridade... Mas comigo aconteceu assim! Parece que foi uma coisa predestinada!
>
> - Nossa!...
>
> - Minha irmã [continuou] ia prá escola. Tinha bolsa, material... e quando ela voltava eu ficava encantada com aquilo! Também queria ir para a escola, mas não tinha idade. Eu não fiz pré-escola, minha mãe não tinha condições e, na época, não tinha pré-escola pública perto de casa. E sempre aquela vontade de ir na escola. Era uma vontade enorme! Pedia prá minha mãe me fazer uma bolsinha, punha um caderno dentro, brincava, sonhava.
>
> Quando eu coloquei os pés numa escola pela primeira vez, isso eu me lembro muito bem, admirei tanto a figura daquela pessoa que tinha aquele poder, ali na frente de todas aquelas crianças, que falei: eu vou ser professora!
>
> - Aquele poder! Olha só o que você falou! comentou Maria Lúcia, enfatizando as duas primeiras palavras.
>
> - É, eu me lembro disso! Foi exatamente esse o sentimento! Eu achei bonito aquilo... aquela relação. E a partir daí, minha vida passou a ter como meta, como único objetivo visível, concretizar a decisão de ser professora. Quando eu já estava no curso de magistério, a preocupação em me tornar professora de fato, passou a ter um lado muito prático: qualquer material ou sugestão

que eu recebesse de um professor ou de alguma colega, eu corria a guardar. Fazia coleção, ia juntando tudo.

Por isso é que eu penso que tem uma relação com o dom, com uma aptidão muito forte. Mas não é caridade! "É profissão"!

A narrativa de Maria do Carmo nos mostra um outro caminho na constituição da professora. Embora ela recorresse à idéia de dom (de vocação) como um recurso explicativo para uma opção profissional definida ainda na infância ("parece que foi uma coisa predestinada!"), seu relato foi-nos revelando a gênese social de sua aspiração e também seu "investimento" para realizá-la (o aprendizado).

A importância da experiência escolar, "legítima" por excelência na sociedade moderna, está na raiz do seu "ser professora". Nascida em tempos de "alunância",[13] a menina tímida, filha de um trabalhador da construção civil, sonhava com a ida para a escola e foi da aproximação entre sua condição de criança e sua condição de escolar, vivida inicialmente por meio da irmã e do faz-de-conta ("pedia prá minha mãe me fazer uma bolsinha, punha um caderno dentro, brincava, sonhava"), que a professora nela nasceu...

Ressaltava, em sua fala, que pelo jogo também nos constituímos. Trabalho e jogo, aponta Freinet em consonância com Vygotsky, representam o exercício da mesma atividade exploratória do ser humano. No jogo, a criança pequena, crescida ou envelhecida que somos, vive o que não é, mas deseja... Experimenta-se. Elabora relações e papéis sociais.

No primeiro contato com a escola, seu olhar de criança pressentiu, mais do que apreendeu ("foi exatamente esse o sentimento!"), a "vontade absorvente e panóptica"[14] da instituição escolar, mantendo as crianças em constante interação com a professora e sob sua vigilância ("admirei tanto a figura daquela pessoa que tinha aquele poder, ali na frente de todas aquelas crianças"). O lado velado das relações de poder vividas na escola fascinou a menina e significou a professora que ela desejava vir a ser ("falei: eu vou ser professora!").

Feita a "escolha", Maria do Carmo não "esperou" ser professora ("a partir daí, minha vida passou a ter como meta, como único objetivo visível, concretizar a decisão de ser professora."). Ela organizou-se para isso: cursou o Magistério e procurou apropriar-se de um "saber-fazer" — o conhecimento dos modos operatórios da tarefa docente — pela acumulação de procedimentos didáticos ("a preocupação em me tornar professora de fato, passou a ter um lado muito prático: qualquer material ou sugestão que eu recebesse de um professor ou de alguma colega, eu corria a guardar. Fazia coleção, ia juntando tudo").

Diferentemente de Maria Lúcia, Maria do Carmo narrou ao grupo, aspectos da constituição de seu "ser profissional" mediados pela própria organização do trabalho docente. Ela contou-nos como foi se apropriando de parte do conteúdo da atividade docente e das relações de poder de que o papel de professora é institucionalmente investido nas relações sociais. Os sentidos e nuances do "ser professora" por ela destacados — o caráter técnico e o poder de vigilância — emergiram da interpretação dos signos da organização do trabalho docente, por ela apreendidos em suas relações como aluna e como professora em formação.

O destaque dado por ela à relação de poder implicada na atividade docente suscitou um "comentário" por parte de Maria Lúcia ("'Aquele poder'! Olha só o que você falou!"), que emergindo na interlocução, possibilitou entrever posições divergentes no grupo e a surpresa diante da explicitação, feita por Maria do Carmo, de uma dimensão, geralmente "silenciada", do fazer pedagógico.

Christophe Dejours,[15] ao definir o que constitui o material de pesquisa em psicopatologia do trabalho, destaca o "comentário", que caracteriza como uma manifestação verbal "personalizada", "engajada", "afetiva", "subjetiva", marcada por uma "ênfase interpessoal" (possui uma finalidade explicativa, de convencer, de informar o outro), na qual o indivíduo formula o pensar sobre sua própria situação. Embora não corresponda necessariamente à objetividade dos fatos a que remete, ele interessa enquanto formulação viva, subjetiva do indivíduo sobre as relações de trabalho por ele vividas.

Maria Lúcia, em seu comentário, dirigiu-se a Maria do Carmo repetindo as palavras de sua interlocutora. Nessa repetição, ela destacou, para si, para Maria do Carmo e para o grupo, por meio do tom e da ênfase com que pronunciara cada uma das palavras — "Aquele poder!" — sua surpresa e sua discordância diante do que fora dito, revelando uma certa resistência em admitir a relação de poder como sendo constitutiva do "ser professora". Em seguida

— "Olha só o que você falou!" —, pareceu convidar Maria do Carmo a prestar atenção a sua própria fala e a re-considerar o que dissera.

Reações semelhantes à de Maria Lúcia aparecem documentadas com freqüência nos estudos sobre professoras. Em geral, a dimensão do poder, vivida intensamente na relação pedagógica, constatada e criticada em muitas das pesquisas sobre professores, é vista com desconforto e silenciada nas verbalizações acerca do trabalho docente. Esse silenciamento, em um certo sentido, também foi vivido no grupo, que não assumiu o espaço de discussão instaurado pelo confronto entre os dizeres de Maria do Carmo e o comentário de Maria Lúcia. Apenas a própria Maria do Carmo respondeu ao comentário, reafirmando sua percepção e, mais até, valorizando-a: "É, eu me lembro disso! Foi exatamente esse o sentimento! Eu achei 'bonito' aquilo... aquela relação."

O que significa, o que pode significar o nosso silêncio diante da relação de poder de que está carregado o lugar social que ocupam como profissionais?

O silenciamento de aspectos das relações de trabalho vividas, nos responde Christophe Dejours, tem sempre um valor expressivo, ao qual é importante estar atento e buscar analisar.

Enveredando pela psicanálise, Dejours explica o silenciamento em termos de dispositivos defensivos.

> Nós postulamos que se o comentário desaparece é porque há um dispositivo defensivo estabelecido para lutar contra a percepção, ou seja, contra o patético, ou contra o sofrimento. De maneira que, quando identificamos essa ausência de comentário, somos logo levados a procurar, em outra parte, os sinais de um dispositivo defensivo.[16] O inconsciente nos explica.

Eni Orlandi,[17] tomando como referência básica Michel Pêcheux e a análise de discurso francesa, também considera que "sempre se diz a partir do silêncio,"[18] mas aponta o discurso em sua relação com a ideologia e a determinação histórica como o lugar de onde se podem apreender as possibilidades de significação do silenciamento.

> A política do silêncio... se subdivide em: 'silêncio constitutivo', o que nos indica que para dizer é preciso não — dizer (uma palavra apaga necessariamente as 'outras' palavras) e o 'silêncio local', que se refere à censura propriamente (aquilo que é proibido dizer em uma certa conjuntura).[19]

Ideologia e história... Memória de sentidos. Hegemonia — apagamento, exclusão... Eni Orlandi nos coloca diante da dimensão política do silêncio: "fazer dizer 'uma coisa' para não deixar dizer 'outras' (...) o silêncio recorta o dizer".[20] Na perspectiva da Análise do Discurso, a consciência individual não nos explica. "O silenciamento [é] um fato discursivo que se passa nos limites das diferentes formações discursivas que estão em relação... diz respeito às relações do sujeito com o dizível."[21]

Revisitadas, nossas imagens produzidas pela pesquisa educacional recente evidenciam que as relações de poder estão fora do dizível, na medida em que são analisadas como a antítese do bom professor. A autoridade do professor posta em cheque pelo escolanovismo e analisada como diretividade, como autoritarismo dentro dos marcos dessa pedagogia, aproxima-se do sentido a ela atribuído de preservadora do *status quo*, na perspectiva da reprodução e da análise da escola como aparelho ideológico do estado e confronta-se com as discussões acerca da autoridade do professor e de seu papel no trabalho pedagógico conduzidas pelas pedagogias "progressistas", que definem como professores desejáveis aqueles que sabem lidar, com equilíbrio e bom senso, com os limites do poder.

Nessa trama, o viés que marca as discussões acerca das relações de poder presentes na atividade pedagógica é mais o da negação do que o da constitutividade. Negação que favorece seu silenciamento: não "soa bem", num contexto de crítica ao poder docente, reconhecê-lo e expor-se favorável a ele.

No entanto, como destaca Christophe Dejours, nos limites mesmo do dizer, professores e professoras revelam o drama de viver as relações de poder sem refletir sobre elas. Drama que se materializa no conflito que experimentam ante os modos de ocupar o lugar de autoridade nas relações de ensino. Esse drama que se tinge de outras tonalidades, quando atentamos para a condição feminina sorrateiramente entrelaçada à constituição da "professora", deixando entrever nuances marcadas pelo lugar social da mulher em nossa sociedade.

Madalena Assunção,[22] na conclusão de seu estudo sobre as mulheres-professoras no cotidiano da escola fundamental, destaca, como a menina Maria do Carmo, a dimensão de poder de que se reveste a função docente, alertando para o fato de que:

apesar de tantas situações adversas, saudosismos e queixas, a mulher permanece no magistério primário, por ser este, talvez, um dos poucos — "ou o único — lugar 'disponível' à mulher em nossa sociedade. Lugar em que ela se encontra numa relação que pressupõe autoridade e poder", que é o que lhe falta em outras instâncias sociais, onde a dominação masculina dispensa justificação.

Ser professora implica poder e autoridade, ainda que exercidos sobre crianças o que confere, à mulher uma condição que ela não encontra em outras instituições.

> Quando eu coloquei os pés numa escola pela primeira vez, isso eu me lembro muito bem, admirei tanto a figura daquela pessoa que tinha aquele poder, ali na frente de todas aquelas crianças, que falei: eu vou ser professora! (...) É, eu me lembro disso! Foi exatamente esse o sentimento! Eu achei bonito aquilo... aquela relação.

Mulher e professora entrelaçadas. Na professora, uma possibilidade, uma nuance do modo de apresentar-se, de perceber-se, de constituir-se como mulher, ainda que veladamente.

5º lance: adesão/identificação

A idéia de predestinação enunciada por Maria do Carmo, que recebeu apenas um breve comentário da parte de Antonieta com uma expressão de espanto ("Nossa!"), passou a ser discutida por Deise — que, até então, mantivera-se calada — de maneira divergente.

> — Eu me incomodo com essa idéia de dom. Eu já tive um contexto. Meus pais formados na área de educação, minha irmã, que tentou Biologia, abandonou, foi fazer artes e virou professora.
> — Virou professora?! ... comentou Antonieta.
> — Virou mesmo. Ela virou professora. Começou a dar aula. Trabalhou muito tempo numa escola estadual como professora de Educação Artística, não se encontrou e acabou desistindo. Apesar disso, em casa, minha mãe falava sempre assim: olha, vai fazer magistério. É um curso profissionalizante. Depois, se você não quiser dar aula, presta vestibular, faz uma faculdade. Olha a filha do fulano, a filha do sicrano... Bom, lá fui eu... Só que eu nunca vislumbrei outras possibilidades ao final do magistério. Nunca pensei em mudar de área. A cada ano que passava eu me envolvia mais com o curso. Acho que me encontrei, gosto demais de dar aula, fiz pedagogia, agora estou fazendo a especialização em psicopedagogia. Parece que acabei acertando.

Deise contra-argumentou a questão do dom pela experiência de vida no contexto familiar, mas numa direção distinta da de Maria Lúcia. A profissionalização foi desejada e aconselhada pela família, envolvida com a educação. A mãe, que já exercia atividade profissional, inicialmente como professora e depois como diretora de escola, foi destacada por Deise, em seu relato, como uma influência explícita em favor da profissionalização das filhas: "Em casa, minha mãe falava sempre assim: Olha, vai fazer magistério. É um curso 'profissionalizante'. Depois, se você não quiser dar aula, presta vestibular, faz uma faculdade." (grifo meu)

A influência da mãe na escolha da docência como profissão é destacada também por Madalena Assunção em seu estudo. Segundo ela, nos depoimentos das professoras entrevistadas, "é visível a preocupação das mães em relação à dependência econômica e ao jugo marital e doméstico das filhas, que poderiam transformá-las em apenas boas mães e esposas dedicadas",[23] o que não representa totalmente o futuro, por elas almejado, para suas filhas. Madalena analisa essa influência como uma "confluência entre gênero",[24] em que, pela proximidade das relações entre mãe e filha, as primeiras passam às segundas um modelo de mulher, "não tão igual, mas também não tão diferente dos caminhos percorridos [por elas]".[25] Caminhos que lhes parecem passíveis de serem viabilizados pela escola.

Deise explicitou essa influência em sua narrativa. Ela não falou da profissão como escolha, mas como decorrência da experiência familiar, do projeto de futuro idealizado por seus pais para ela, que confluía para as promessas da instituição escolar e da experiência vivida por outras jovens do seu grupo social, tomadas como exemplos pela família. Deise "aderiu" ao magistério ("eu nunca vislumbrei outras possibilidades ao final do magistério. Nunca pensei em mudar de área. A cada ano que passava eu me envolvia mais com o curso").

No entanto, procurou mostrar que além da adesão houve também um processo de "identificação" com o magistério ("acho que 'me encontrei', gosto demais de dar aula"), não só pelo fato de gostar da atividade desempenhada e pela continuidade dada à carreira ("fiz pedagogia, agora estou fazendo a especialização em psicopedagogia"), mas também pelos rumos distintos seguidos por ela e pela irmã.

A irmã "virou professora", depois de outras tentativas ("minha irmã, que tentou Biologia, abandonou, foi fazer artes e virou professora") e acabou abandonando a profissão ("trabalhou muito tempo numa escola estadual como professora de Educação Artística, não se encontrou e acabou desistindo"). Tanto no seu caso quanto no da irmã, essa identificação — definida como "encontrar-se" — parece ser um componente tão relevante quanto o contexto. Mas, o que significa, o que pode significar esse "encontrar-se"?

Embora Deise tivesse iniciado sua fala explicitando sua divergência em relação ao argumento do dom trazido para a interlocução por Maria do Carmo, diante do destaque dado por Antonieta à expressão por ela utilizada, ("virou professora") acabou por destacar, ao longo de sua narrativa, um componente "da experiência subjetiva individual" (o "encontrar-se"), como um dos elementos explicativos e diferenciadores da constituição da condição de professora em indivíduos singulares. Com base nesse elemento da experiência subjetiva, não claramente definido, ela separou, em dois grupos, os indivíduos que se fazem professores. Aqueles que, encontrando-se na profissão, "são professores" e aqueles que, não se encontrando na profissão, "viram professores".

Assim, apesar de criticar a idéia de dom, Deise, paradoxalmente, no curso da interlocução, acabou avançando na elaboração de uma explicação "subjetiva", suspeitada e aventada, mas abandonada por Maria do Carmo.

Confrontadas, as falas de Deise e de Maria do Carmo revelaram um curioso entrelaçamento. Maria do Carmo afirmou uma tese que não desenvolveu. Deise negou essa tese, mas no processo de elaboração da negação acabou por fornecer elementos que a reafirmaram.

Antonieta tocou na contradição...

6º lance: a escolha tem determinantes...

> — Eu acho que nós estamos colocando tudo no plano individual. A pessoa tem um dom, esse dom se realiza, então tudo vai bem. Se esse dom não se realiza, vem a frustração. São muitas as razões que levam a pessoa à escolha de uma profissão. Ainda hoje, eu me deparo na escola com muitas mulheres, bem próximas da geração de vocês, que fizeram o magistério pensando do mesmo jeito que o seu pai pensava, Maria Lúcia. Outras descobrem-se por acaso na profissão. Acaba sendo uma coisa

não planejada, como no seu caso. Outras vezes a escolha é escolha mesmo, deliberada, planejada desde pequenininha, como a da Maria do Carmo.

A minha filha, por exemplo, tem algumas convicções a respeito do que ela *não* vai fazer — ser professora, por exemplo. Mas o que ela quer ou vai fazer, isso nem ela sabe ao certo. Por quê? O que ela vê acontecendo comigo, o que ela vê em mim, ajuda-a a discernir o que ela não quer para si mesma. Outras profissões são uma incógnita. As condições em que a gente vive acabam nos empurrando para uma determinada profissão. Sem contar as influências de época, a propaganda, a valorização social...

Eu mesma vivi uma situação interessante. Fiz o magistério porque queria. Eu era uma daquelas alunas estudiosas, gostava das aulas práticas, planejava minhas regências com esmero. Quando estava no último ano, eu me lembro muito bem disso, nós tivemos um professor de Português, vindo de Belo Horizonte, recém-formado pela Federal de Minas. Num dia de prova, ele fez uma coisa diferente. Chegou e falou assim: "Não vamos fazer prova. Vamos conversar. Vou fazer uma pesquisa com vocês." E assim foi. Ele chamava cada aluno na sua mesa, batia aquele papo e perguntava o que a gente pretendia fazer dali prá frente. Eu estava terminando o magistério, curso que eu fazia por escolha, curso que me interessava, no entanto, quando ele me fez a pergunta final, fiquei completamente baratinada. Não sabia o que responder. O que eu ia fazer dali prá frente? Fui incapaz de dizer a ele: eu vou ser professora. A única coisa que eu consegui dizer foi: Acho que eu vou fazer faculdade. "Mas que curso você pretende fazer na faculdade?" Acho que vou fazer letras, francês. Eu fiquei tonta! Comecei a pensar: Puxa, eu estou fazendo um curso, estou terminando um curso e não sei se vou ser professora? Então resolvi: fui ser professora. Não prestei vestibular imediatamente. Parei um ano, me informei acerca dos cursos existentes e acabei escolhendo Pedagogia.

Trabalhei como professora, deixei o magistério por imposição do momento histórico, acabei assumindo outras atividades profissionais. Voltei para o magistério. Gosto de ser professora e me realizo como professora.

Retomando uma questão sugerida por Maria Lúcia em sua fala, Antonieta fez o seguinte comentário:

Uma outra coisa que eu penso, Maria Lúcia, é que tem semelhança sim, entre a educação na escola e a educação dos filhos. Nos dois casos é de educação que se está tratando. Se a gente pensa a educação como trabalho, como trabalho de formação de uma nova geração, então, estamos trabalhando a educação o tempo todo, em casa, fora de casa... E não só nós, mulheres na condição

> de mães ou professoras... No entanto, embora tenham semelhança entre si, a educação na escola e a educação em casa não são a mesma coisa. Só que quando os pais aconselham as filhas para que façam magistério tendo em vista a criação dos filhos, parece haver, nesse modo de pensar deles, uma identificação — a mãe cuida dos filhos e a professora é a mãe que cuida dos alunos...
>
> — Eles não diferenciam o papel da educação escolar..., disse Maria Lúcia.
>
> — Também não diferenciam os papéis da mulher, acrescentou Antonieta.
>
> — Eu vejo aí a questão da nossa profissionalização: profissionalização dos professores... profissionalização da mulher, comentei em minha primeira intervenção.

A tese da constituição social do sujeito marcava os dizeres de Antonieta, desde a explicitação de sua discordância em relação à análise feita pelo grupo: "Eu acho que nós estamos colocando tudo no plano individual. A pessoa tem um dom, esse dom se realiza, então tudo vai bem. Se esse dom não se realiza, vem a frustração."

No entanto, como esse individual é formado, parecia perguntar ela? O que é o dom?

Entre as palavras de Antonieta, eu ouvia o sussurrar de Adélia:[26] "Sem os trevos no jardim,/não sei se escreveria esta escritura,/ninguém sabe o que é um dom.")

Em seu argumento, Antonieta aponta que há condições de escolha ("são muitas as razões que levam a pessoa à escolha de uma profissão"), evocando a experiência vivida pela filha.

> A minha filha, por exemplo, tem algumas convicções a respeito do que ela não vai fazer — ser professora, por exemplo. Mas o que ela quer ou vai fazer, isso nem ela sabe ao certo. Por quê? O que ela vê acontecendo comigo, o que ela vê em mim, ajuda-a a discernir o que ela não quer para si mesma. Outras profissões são uma incógnita.

Experiência tão próxima e tão distinta da vivida por Deise. Enquanto Deise atendeu aos apelos feitos por sua mãe, tornando-se professora, a professora que Antonieta era, possibilitou a sua filha apreender os rituais cotidianos da atividade docente, apreender seus efeitos sobre aquela que os vivenciava e, pelo conhecimento construído e mediado por essa vivência (do outro), avaliar o lugar social de professora e recusá-lo.

Nos dois casos, as interações entre mãe e filha, vividas em condições distintas, foram constitutivas da escolha profissional. Mas nessas relações, não estava em jogo apenas a definição das filhas diante de uma profissão. Na adesão e/ou oposição à condição profissional da mãe, elas também foram construindo a si mesmas como mulheres singulares.

Enquanto no caso de Deise, a adesão obediente ao projeto dos pais obscureceu a formulação de outros projetos possíveis, refletindo uma "identidade" de gênero calcada na submissão, a filha de Antonieta apreendeu a si mesma, aos próprios desejos e tendências no confronto com a mãe e com sua atividade profissional.

Henri Wallon destaca que uma individualidade se constitui na oposição (explícita ou implícita) ao outro. De acordo com ele, as relações entre a criança e o outro (a mãe) são inicialmente simbióticas. Vivendo relações em que há alternância entre os papéis de agentes e de destinatários dos gestos e palavras, a criança desenvolve as relações de reciprocidade entre o eu e o outro, elaborando-os como individualidades distintas, complementares e antagônicas.[27]

Nessa perspectiva, observam Smolka, Góes e Pino,

> o outro é considerado como um "parceiro perpétuo do eu". No entanto, essa parceria não é permanentemente harmoniosa. A formação da identidade é apresentada como um processo complexo em que a criança começa a perceber-se como um indivíduo ao opor-se aos outros; a formação do eu envolve uma afirmação da identidade e uma exclusão do outro nessa identidade.[28]

Falando da filha, Antonieta relembrou de sua própria experiência. Embora tivesse escolhido o curso de formação de professores num determinado momento da sua vida e se sentisse motivada e interessada, diante do questionamento de um professor acerca do que pretendia fazer em seguida ao curso, percebeu-se sem saber o que responder:

> Eu estava terminando o magistério, curso que eu fazia por escolha, curso que me interessava. No entanto, quando ele me fez a pergunta final, fiquei completamente baratinada. Não sabia o que responder. O que eu ia fazer dali prá frente? Fui incapaz de dizer a ele: eu vou ser professora.

A pergunta do outro evidenciou para ela (e nela) a necessidade de discernimento, de explicitação de seus próprios objetivos ("Eu fiquei tonta! Comecei a pensar: Puxa, eu estou fazendo um curso, estou terminando um curso e não sei se vou ser professora?").

A forma de agir sobre si própria (perguntava-se o que eu iria fazer dali para a frente) está geneticamente ligada às relações reais entre as pessoas (o professor lhe perguntara o que ela pretendia fazer dali para a frente).

Segundo Bakhtin, "o saber expressar-se para si mesmo implica fazer de nós mesmos um objeto tanto para o outro quanto para nós (a 'realidade da consciência')."[29] Mediada pela confrontação com o outro, Antonieta expressou-se para si mesma e elaborou, do mesmo modo que sua filha e Deise, uma decisão (no seu caso, ratificando-a) — a de ser professora.

Argumentando em vista dos episódios por ela vividos na condição de mãe e de aluna, Antonieta explicitou na interlocução em curso, o papel das interações na constituição da subjetividade. Em nossas interações, ocupamos lugares sociais e históricos, que retomamos da prática cultural de nosso tempo e lugar, reproduzindo-a e também transformando-a. Nas experiências familiares somos mães ou filhas, na escola, professoras ou alunas, também vivemos diferentes modos de nos apresentarmos como mulheres... Os lugares sociais e históricos que ocupamos é que nos tornam reais, determinando o conteúdo de nossa criação pessoal e cultural. Essa determinação tanto "delineia" quanto "delimita" as possibilidades entre as quais escolhemos. Assim, no processo de escolha, no jogo entre as influências, imposições, adesões e resistências, escolhemos e somos também escolhidos: "As condições em que a gente vive acabam nos empurrando para uma determinada profissão. Sem contar as influências de época, a propaganda, a valorização social..."

Ao introduzir seu comentário acerca das relações entre a educação e a educação escolar, Antonieta continuou abordando, ainda que de modo implícito, as condições sociais das escolhas, focalizando uma outra dimensão das interações que nos constituem como profissionais: a dimensão histórica da profissionalização do educador. Embora seu comentário incidisse sobre modos de pensar referidos ao nosso tempo e a experiências nossas, ele nos remetia ao passado. Dimensão da qual nem sempre nos damos conta, vivendo o presente e suas configurações como algo natural e contínuo.

O passado, como sugere Walter Benjamin, não é apenas o que foi, mas uma experiência vivida de cuja reminiscência nos apropriamos. Os modos de analisar e de significar o vivido não nascem em nós, neles materializam-se nossas interações com as gerações que nos precederam.[30] "Uma história pode ser nova e, no entanto, falar de tempos remotos. O passado surge com ela."[31]

No breve comentário feito por Antonieta, ecoavam muitas vozes que são parte do que somos, hoje, como mulheres e como profissionais. Algumas delas são seculares, como aquelas que nos contam como foi sendo engendrada a cisão entre educação e educação escolar. Outras nos falam do lugar ocupado pela mulher nesse processo. Outras, da profissionalização dos professores, história de raízes antigas, mas de materialização mais recente: ela se efetiva, na Europa, na metade do século XVIII, com a constituição dos sistemas nacionais de ensino, que substituíram um corpo de educadores arregimentados e preparados sob o controle das congregações religiosas por um outro composto de homens-professores leigos sob o controle do Estado. Outras, ainda, remetendo a um passado bem mais recente, narram a feminização do magistério, consolidada neste nosso século. Seculares ou recentes, elas nos falam da atividade educativa, prática social presente em nosso fazer, que é tão antiga quanto o homem.

Na espécie humana a educação nunca continuou apenas o trabalho da vida. Ela sempre produziu "o humano" em cada um de nós, a cada geração: Nas palavras de Brandão, "o homem que transforma, com o trabalho e a consciência, partes da natureza em invenções de sua cultura, aprendeu com o tempo a transformar partes das trocas feitas no interior desta cultura em situações de aprender-ensinar-e-aprender: em educação."[32] Inicialmente de modo compartilhado,

> através da vida coletiva, ao redor do calor dos corpos,/olhando os dedos do artesão e as mãos dos sábios/ e murmurando dentro do espírito as palavras [ouvidas da boca do outro]. (...) à volta da fogueira, na beira dos rios,/ dentro das choças nas noites das grandes chuvas, (...) seguindo atrás dos homens, trilhas no meio da floresta,/ olhando em silêncio a mãe fazer da palha uma esteira,/ vendo o pai pescar com lança e perícia o peixe.[33]

Com a divisão social do trabalho, e portanto do poder, os processos de aprender e ensinar foram passando gradativamente ao encargo de profissionais especializados para desenvolvê-los, ocupando espaços e tempos delimitados e sistematizando-se por regras e princípios. Aí, o profissional de educação começou a ser gestado, seja na forma do professor de primeiras letras, prestigiado em algumas culturas, relegado à pobreza em outras, seja como o educador, o mestre do domínio das palavras e das artes da guerra, tão necessárias ao exercício do poder.

Historicamente, foi-se configurando então, junto à educação indissociada das relações cotidianas, a atividade especializada e formalizada de ensino, que foi ganhando ao longo dos séculos um caráter propriamente escolar de transferência (e ao mesmo tempo de exclusão) dos saberes entre gerações.

"Então o saber, filho do trabalho das mãos sobre a terra,/dividiu-se também entre os filhos dos homens./ (...) dividiu-se igualmente entre as mãos dos senhores/e as ciências de seus emissários."[34] Dividiu-se também entre homens e mulheres.

Ao fazermos um rápido passeio pela educação nos séculos, acompanhamos e apreendemos não só a diversidade de objetivos de que a relação educativa formal se revestiu, de época em época, em função do real existente e de suas contradições, como também as configurações de que se revestiu a função docente e sua constituição política e social, imersa, ao longo dos séculos, na luta entre os homens-do-dizer e os homens-do-fazer. (MANACORDA, 1992)

Os homens da "Épeas", homens-do-dizer, nos ensina Manacorda, possuem os bens materiais e detêm o poder. São educados para as tarefas do poder, que são o pensar, o falar e o defender "as coisas da cidade" (política). Conhecem as leis, dominam a escrita para poder registrá-las e podem (porque lhes é legitimado) explicá-las pelo discurso e dominam o manejo e uso das armas. Com leis e armas julgam e lhes é legitimada a possibilidade de expressar o julgamento; punem e lhes é legitimado o exercício da punição; defendem a cidade/defendem-se contra as ameças.

Os homens da "Érga" produzem e nada (ou pouco) possuem. Seu saber é o saber-fazer, que se aprende fazendo. Conhecem as leis do que fazem e as que determinam e submetem o que fazem, mas não lhes é dada a possibilidade de participar de seu registro e de sua aplicação. Resistem a essas leis, pagando um preço: a vida e a voz, silenciadas pelas armas e pela escrita, apagadas da história oficial.

Julgam o que fazem, o como fazem, o que fazem deles e com eles, o que vivem, mas não lhes é legitimado expressar seus julgamentos. São excluídos da participação "nas coisas da cidade". Para eles

> nenhuma escola inicialmente, mas só um treinamento no trabalho, cujas modalidades, que foram mostradas por Platão, são destinadas a permanecer imutáveis durante milênios: observar e imitar a atividade dos adultos no trabalho, vivendo com eles.[35]

Dois olhares, o do trabalho e o da contemplação, olhando para o mesmo mundo a partir de mirantes diversos. Duas visões de mundo distintas, porque produzidas em condições distintas, cruzam-se, enfrentam-se... Pelo poder, conhecimento e trabalho se opõem, embora sejam complementares nessa oposição: é o trabalho, que produzindo, possibilita a contemplação do mundo produzido. "O que traça um lado sustenta o outro"[36]

Às mulheres, o não-lugar de tuteladas, "reduzidas a uma perpétua menoridade". Até o século XX, em sua grande maioria, não recebem uma educação formal — "vivem pros seus maridos, orgulho e raça, de Atenas" — e de Roma, e dos muitos lugares em que o patriarcalismo prevalece... Acompanham as crianças só até o momento em que estas deixam de necessitar de seus cuidados físicos: "até os sete anos, o menino é da mulher. A ela cabe nenhuma coroa, o trabalho maior: desasnar. O homem, cetro na mão, tem para si o nobre educar da alma."[37]

Dois olhares... Para aqueles o mundo público, o espaço, a aventura, o conhecimento. Para aquelas a privacidade do gineceu, o tecer e o destecer dos dias entre as proibições, a preservação da pureza pela prevenção das tentações mundanas. Na oposição, um e outra constituem-se mutuamente. Em um está o outro. "O que imprime o negativo revela o positivo"[38]

É na luta secular entre os que falam e os que fazem, entre os que se aventuram e as que silenciam, entre submissão, resistência e rebeldia que nosso conhecimento do mundo e o nosso ser no mundo vai se configurando. E, nesse sentido, conhecer é "poder" (controle, manutenção, proibição, punição) e "luta" (apropriação, transgressão, resistência). Poder que busca a cristalização eterna. Luta interminável, que nem sempre leva à vitória, movida pelo desejo de estabelecer um outro modo de olhar — a utopia.

O conhecimento como poder e luta nos mitos, na história e nas histórias, nas instituições, na constituição do profissional e da profissional de educação.

Entre os homens-do-dizer e os homens-do-fazer, o educador profissional, nem sempre um homem-do-dizer, em sua origem, mas a serviço deles, situa-se, ambiguamente, no viés do confronto. "O que costura é grosso e fino, conforme o lado/fios"[39]

Desde os embates entre os sofistas ("professores de sabedoria") e Sócrates e Platão ("sábios"), a questão da profissionalização da função docente já se colocava, enraizada nas relações entre conhecimento e poder.

Além de procederem à passagem da reflexão cosmológica, em torno da procura do princípio (arché) de todas as coisas, para a reflexão predominantemente antropológica, os sofistas elaboraram teoricamente o ideal democrático dos comerciantes enriquecidos e marginalizados pela aristocracia das decisões sobre as coisas da cidade, redefinindo a virtude como algo que pode ser conquistado pelo cidadão da pólis, e portanto ensinada por exemplos de conduta moral e de decisões políticas. Valorizaram na figura do "mestre", apesar do repúdio da aristocracia, a possibilidade de capacitar "o outro" ao domínio da retórica — habilidade necessária à participação política. Criaram a remuneração para esse serviço e sistematizaram o ensino. Com sua presença fundaram a distinção, que se prolonga até hoje, entre o "educador" — alguém da estirpe do filósofo, o amante, o amigo da verdade — e o "professor" — aquele que sofisma, aquele que se apropria do "saber" de outrem e se confunde com ele, sem explicitar sua voz de mediador. Distinção que o velho ditado — "quem sabe faz, quem não sabe ensina"— também sintetiza, ilustrando, agora do outro lado — o dos homens do fazer —, a ambigüidade do lugar que temos, historicamente, ocupado.

Entre os homens-do-dizer e os homens-do-fazer, a mulher professora, que passou a ocupar no século XX um espaço público que anteriormente só era permitido aos homens, vive o confronto duplamente.

Na contradança entre fios e lados, tece-se a dimensão política da prática pedagógica: Eu, quem eu era? De que lado eu era?[40] Questões nem sempre postuladas e nem sempre enfrentadas por nós, questões que problematizam nossos modos de relação com o trabalho, nossos modos de estar no mundo, nossos modos de "ser mulher". Questões que o professor de Português suscita, de alguma forma, na aluna Antonieta, levando-a a considerar sua própria escolha, a interpretá-la, decifrá-la, em busca de seu sentido.

Na trajetória profissional dos professores e das mulheres professoras, a história (ainda que esquecida) vai-se tecendo como permanência e ruptura. "É o hoje interrogando o ontem, porque ele está saturado de pregnâncias deste."[41] ("ainda hoje, eu me deparo na escola com muitas mulheres, bem próximas da geração de vocês, que fizeram o magistério pensando do mesmo jeito que o seu pai pensava, Maria Lúcia.)

"E são essas pregnâncias do presente que exigem que se façam releituras do passado, não como realidade acabada, mas como algo que, tendo sido determinado, continua, de certa forma, sendo determinante."[42] ("...quando os pais aconselham as filhas para que façam magistério tendo em vista a criação dos filhos, parece haver, nesse modo de pensar deles, uma identificação — a mãe cuida dos filhos e a professora é a mãe que cuida dos alunos...")

7º lance: escolha ou aprendizado?

— E você? Dirigiu-se Antonieta a mim. Você também tem que contar a sua história.

— Sim... Ouvindo vocês, eu estava relembrando o caminho que eu percorri até me tornar professora.

As nossas histórias têm história...

Vocês perceberam que todas nós falamos de pessoas que participaram, direta ou indiretamente de nossas escolhas? Que todas nós falamos da família? Também na minha história a influência familiar e a familiaridade com a profissão de professora estiveram presentes. E de modo expressivo. Filha de professora. Brinquei sempre de escolinha. Adorava ensinar. Dava aulas particulares para as filhas das amigas da minha mãe, quando não iam bem na escola.

Apesar disso, nem eu nem meus pais idealizávamos o magistério como carreira para mim. Minha mãe, secretamente, desejava-me em uma outra profissão — "ser professora é muito sofrido, filha!" Meu pai sonhava para mim a carreira jurídica. No fundo, o que ambos esperavam era um título de nível superior e um bom cargo no serviço público. Concursada eu teria estabilidade e possivelmente um bom salário.

Concluído o original minha mãe me perguntou: "Que curso você vai fazer?"

— "Clássico. Normal nem morta!"

Quando terminei o Clássico: "O que você vai fazer agora, filha? Letras?"

— "Não. Ciências Sociais".

Assim, a oposição à docência não foi nenhum ato de bravata. Tinha mesmo uma certa dose de obediência aos planos deles. Contrariedade mesmo, gerou a escolha feita — "Ciências Sociais?! O que é que você vai fazer com isso?" Nem eu mesma sabia. O que me atraía era a possibilidade de estudar História. Assim, entrei num curso de Ciências Humanas, em plena década de 70.

— Não havia perspectiva de trabalho. Naquele momento negava-se a sociologia, a política...

— Eu sempre fui meio na contramão... Além do momento histórico, outro aspecto adverso era minha formação, bem tradicional, tanto na escola quanto em casa. Fiquei estonteada. Novas experiências, novos conhecimentos, novos valores. A aluna exemplar que eu sempre fora, começou a ser colocada em cheque. Fui percebendo que eu não sabia estudar, mas apesar disso, fui passando...No terceiro ano, entrei em crise. Fui juntando os fragmentos que eu consegui recuperar dos dois primeiros anos, e no esforço de fazer sentido da reviravolta que eu estava vivendo, descobri coisas interessantes, que me fascinaram. Disse prá mim mesma — preciso conhecer mais, ler de outro jeito, estudar de outro jeito. Parei o curso, em segredo. Ia para a faculdade, mas não assistia às aulas. Meu destino era a biblioteca, onde reli tudo aquilo que, ao final dos dois primeiros anos, me deixara curiosa. Essas curiosidades me empurraram para outras. Sobre elas me debrucei e estudei, estudei muito. Caí na real: me dei conta do país em que eu vivia e do momento histórico por que passávamos. Consegui vislumbrar um pouco de quem eu era nesse contexto complexo e tão sem perspectivas. E aí me deu pânico — o que é que eu pretendo fazer da minha vida?

Nesse tempo, entre as leituras que eu fui fazendo, um trabalho do Paulo Freire — *Educação como prática da liberdade* — me caiu nas mãos. Foi um fascínio, porque ele aproximava o discurso todo que eu havia escutado durante as aulas, as análises que eu vinha lendo e estudando, com uma perspectiva de ação, que eu não via no curso, nem nos meus professores, que do alto da cátedra, despejavam sobre os seus cento e vinte alunos, teses e textos, métodos e procedimentos, que acabavam ocultando os próprios fatos sobre os quais suas análises incidiam.

Uma outra surpresa o Paulo Freire me causou. Ele propunha uma forma de educação que eu nunca supus que pudesse existir. A educação, me apontava ele, podia ser distinta de tudo o que ela havia sido prá mim a vida inteira, tanto na escola quanto em casa. Apaixonada pela perspectiva que eu vislumbrava pela fresta entreaberta, prestei novo vestibular. Dessa vez, Pedagogia.

Ao iniciar o curso de Pedagogia percebi que estava iniciando uma nova experiência na universidade. Eu conseguia discernir o que me interessava e o que não me interessava, conseguia estabelecer prioridades para o encaminhamento do curso e vislumbrava uma atividade (profissional?) — trabalhar com educação popular.

Engajei-me aos movimentos eclesiais de base e comecei a ensaiar meus primeiros contatos com aquele Brasil que eu conhecera nos livros. Com as mulheres e as crianças das comunidades organizadas nos bairros da periferia da cidade, aprendi muito. Aprendi, inclusive, que a despeito da teoria da reprodução e da desescolarização, que entravam com força total no país, ao final do meu curso, deixando em nós, educadores, a sensação de que a única alternativa educacional viável eram as modalidades não-formais de educação, a escola era, ainda, para essas populações, um valor e um empenho.

Eu chegava no bairro e as mães, que me achavam com cara de professora, sempre me pediam pra ver as lições dos filhos, para ajudá-los a estudar, para explicar isso e aquilo, porque queriam que passassem de ano, que continuassem na escola. "Eu não quero prá eles a vida que eu tive. Na cidade o estudo faz falta", muitos pais me diziam, justificando o pedido de ajuda. Isso me fez pensar sobre os limites e possibilidades da escola como elementos contraditoriamente articulados, que era uma coisa que meu professor de História da Educação, o professor Casemiro dos Reis Filho, sempre dizia nas suas aulas.

Formada, meu primeiro trabalho foi num supletivo para adultos, vinculado a um sindicato. Ali, como professora de Português, tomei consciência do quanto eu não sabia. Apesar dos meus esforços em estabelecer uma relação de diálogo constante com os alunos, e de estar aberta a seus modos de compreender e de dizer o mundo, um vácuo se fazia nessa relação. Eu não sabia conduzir as discussões com eles, não sabia problematizar seus dizeres, não sabia como entretecer suas contribuições, não sabia como articular seus saberes com a formulação sistematizada desses saberes. Os alunos gostavam de mim, mas eu não consegui prepará-los para os exames que lhes conferiam um certificado, necessário, por "n" diferentes razões, naquele momento de suas vidas.

A leitura do mundo integrada à leitura da palavra escrita, o manejo da palavra escrita, o manejo da "norma culta", segregadora em suas armadilhas e segredos: essas foram coisas que eu lhes fiquei devendo e que eles esperavam de mim, no papel que então assumia. Como ensinar a ler? Como ensinar a escrever? Como ensinar Português? Como ser professora?

Essa experiência foi decisiva: era preciso continuar minha formação. O trabalho na escola regular de 1º Grau pareceu-me um caminho para aprofundar o conhecimento do lugar social de professora — passando pelo conhecimento do que ensinar até ao "como" ensinar. Para pensar a escola como possibilidade era preciso conhecê-la por dentro, vivendo, do lugar de professora, seus enredos e rituais nas minúcias e contradições, para, aí sim, desvendar-lhe as "brechas", como dizia o professor Casemiro. Aliás, o professor Casemiro foi outra figura marcante e decisiva na minha trajetória em direção à opção por ser professora. Ele fazia a crítica da escola, alertando para as brechas produzidas pela contradição fundante da própria instituição, como espaços a serem utilizados, ocupados por nós, professores, no trabalho... Isso sempre ficou martelando na minha cabeça... E, anos depois, o encontro com Vygotsky ajudou-me a elaborar aspectos importantes dessa questão das possibilidades da escola.

Mantendo a análise da constituição social do sujeito, presente na fala de Antonieta, e em diálogo com ela, destaquei o percurso em que a professora foi-se constituindo em mim, mais como aprendizado do que como escolha.

Enquanto a escolha parece ser um elemento demarcador do percurso, instaurando os limites entre o antes e o depois de ter sido feita, o aprendizado evoca uma idéia de movimento de elaboração e de re-elaboração dos significados e sentidos das práticas culturais em nós.

Gilles Deleuze, em sua leitura da obra de Proust, nos fala que

> aprender diz respeito essencialmente aos "signos". Os signos são objeto de um aprendizado temporal, não de um saber abstrato. (...) Alguém só se torna marceneiro tornando-se sensível aos signos da madeira, e médico tornando-se sensível aos signos da doença. (...) Todo ato de aprender é uma interpretação de signos ou de hieróglifos.[43]

"Tornar-se sensível" é processo, é história que se faz nas relações e no tempo. "Em dado momento," destaca Deleuze, "o herói não conhece ainda determinado fato que virá a descobrir muito mais tarde, quando se desfizer a ilusão em que vivia."[44] (Ilusão de escolher, ilusão de saber...)

Fui me tornando "sensível aos signos" do trabalho educativo na identificação e oposição ao tipo de educação que eu vivi, em casa e na escola, mediada pelos cursos que fiz (mesmo aqueles não voltados para o magistério), pelo encontro com outros modos de "significar" o trabalho educativo, pelo encontro/confronto com os alunos.

As leituras sobre o humano, feitas pela Sociologia, pela História, pela Política, pela Antropologia provocaram indagações em relação aos modos como eu me via no mundo e como o significava.

A interpretação da educação, não como um fim em si mesma, mas como uma atividade circunscrita no espaço da política, a exigir do educador uma definição quanto ao lado em que (e de quem) se coloca, foi sendo elaborada.

A ilusão do saber-fazer e a ilusão quanto ao alcance do trabalho pedagógico também foram sendo desfeitas. Às vozes da ciência, marcantes no processo de formação, juntaram-se as vozes daqueles meus primeiros alunos, trabalhadores adultos, com quem e para quem me dispus a trabalhar e que apontaram o quanto eu não sabia realizar as tarefas a que me propunha, explicitando que eu esgrimava com clichês, mais do que com gestos e modos de ação concretos. Essas vozes me mostraram que os objetivos por mim priorizados nem sempre coincidiam com as necessidades daqueles a quem meu trabalho se dirigia, nem com os sentidos que elaboravam nas relações de ensino. Elas também me ajudaram a desmistificar o tom de salvação de que se revestia o discurso da "conscientização" e da transformação como tarefas centrais do trabalho pedagógico, forçando-me a pensar sobre as múltiplas dimensões nele em jogo (escola e professores para quê?) e a buscar-lhes os sentidos. "Mais importante do que o pensamento é 'aquilo que faz pensar'",[45] ensinou-me o trabalho.

Entre limites, possibilidades e ilusões, na ambivalência sutil dos fios e dos lados em jogo na atividade educativa, aprendi a ser professora (para não ser a professora que se sabe); aprendi a ensinar (para, ensinando, poder aprender); aprendi o que é ensinar e os modos habituais de fazê-lo (para, muitas vezes, reproduzi-los e muitas outras, discordando, problematizá-los, recusá-los e até reconstruí-los); aprendi as regras das gramáticas do dizer e do fazer social dominantes (para, explicitando-as, mostrar-lhes as excessões). Aprendi lentamente, no cotidiano da escola, a olhar para as relações ali vividas (relações de ensino, de trabalho, de hierarquia, disputa ou camaradagem) como algo que está sendo, mais do que como algo que é. O que é, já é, revela-se como concluído, até se naturaliza. O que está sendo é o que é e seus possíveis, ainda em movimento.

Nesse percurso de aprendizagens, tecido no tempo, a presença constante do outro — nas interações face-a-face, como discurso e como prática social — apontando os sinais e indícios imprimidos no vivido e ensinando (na identificação e na oposição) a lê-los, a interpretá-los e re-interpretá-los, a interpretar-me e re-interpretar-me frente a eles.

"Nunca se aprende fazendo "como" alguém, mas fazendo "com" alguém, que não tem relação de semelhança com o que se aprende",[48] ensina-nos novamente Deleuze.

8º lance: aprendizado com o outro...

Vera Helena, que até então permanecera silenciosa, logo em seguida a meu relato tomou a palavra.

> — Eu gostava de crianças, gostava muito... começou a contar. Na época de escolher o curso de segundo grau, meu pai comentou comigo sobre esse meu interesse por crianças e acenou com a possibilidade de abrir uma escolinha, coisa assim...
>
> No segundo normal, fui trabalhar nas férias. Sabe, trabalho de férias, temporário... Foi assim que eu entrei numa multinacional, que estava chegando a Campinas. Sem querer, o que era um trabalho temporário acabou se convertendo numa opção — ou escolinha, ou o trabalho na empresa como secretária. Escolhi a empresa e fiquei lá quase uma vida inteira. Não fiz faculdade porque o trabalho como secretária me envolvia demais. Eram oito horas por dia.
>
> Casei, tive filhos. Quando meu segundo filho nasceu, saí da empresa. Eu não estava dando conta dos filhos e, por um tempo, virei mãe de tempo integral.
>
> Quando a minha filha mais velha iniciou a 1º série, comecei a participar junto. Foi um processo de alfabetização lindíssimo, "o máximo!!" Participando com ela do trabalho da escola e fascinada, voltei a me indagar quanto ao que fazer e decidi retomar o primeiro objetivo, aquele do início do segundo grau. Fui, então, fazer uma especialização em pré-escola para completar o normal. Era um quarto ano que não existia quando me formei.
>
> Foi a partir daí que a gente começou a se ver, não é Rô? (dirigindo-se a mim). Eu levava minha filha para a escola e a Rô estava lá, dando aula.

— Eu, da sala de aula, encerrando mais um dia de trabalho, via a Vera Helena passar diante da minha porta, com o filho mais novo no colo.

— Nessa época vocês não se conheciam?, perguntou Maria Lúcia.

— Não nos conhecíamos. A minha filha estava na primeira série e a Rô era professora de 4º série. A professora de 4º série era o máximo, muito grande, muito longe... Eu estava me reaproximando da escola.

Fiz o estágio de um ano na pré-escola de um colégio particular grande, onde re-encontrei a Rô, que deixara a escola onde meus filhos estudavam, e ali trabalhava como professora de 4º série.

Ao final daquele ano de estágio passei a professora auxiliar da 1º série, e ainda na metade desse mesmo ano, assumi a 4º série, no lugar da Rô, que estava deixando o colégio para trabalhar na rede pública.

Foi uma loucura! Eu fiquei atônita e desesperada diante da responsabilidade de assumir uma 4º série, quando em abril a coordenadora me comunicou essa decisão. O que fazer, o que ensinar e como? Tudo era novo e desconhecido... Perguntei a Rô se ela me ajudaria. Ela se dispôs a isso e sugeriu à coordenação da escola que, desde aquele momento, eu passasse a acompanhar seu trabalho, como professora auxiliar. Íamos para a sala de aula juntas. Em alguns momentos eu assumia a classe, compartilhávamos a correção do material das crianças, participávamos juntas das reuniões com a coordenação e das entrevistas com pais. Mesmo assim eu me sentia insegura. A Rô, então, propôs-se a trabalhar comigo durante as férias de julho. Estudamos juntas os projetos de matemática e de ciências que deveriam ser continuados no segundo semestre por mim. Quando eu digo estudar, foi estudar "mesmo". Eu tive que aprender desde o conteúdo dessas áreas, até o jeito de ensinar as crianças.

Ao final de julho pedi a Rô que continuasse acompanhando meu trabalho em supervisões semanais. Uma vez por semana, ia para a casa dela, à noite, levando todas as minhas dúvidas, todas as minhas indagações e todas as minhas sacadas. Ela me ouvia e me ensinava a analisar cada uma das situações que eu lhe trazia: desde as atividades que eu propunha às crianças, às dúvidas de conteúdo ou atitudes por mim assumidas em classe. Foi assim mesmo. Tive toda assistência e foi aí que aprendi a trabalhar e a confiar no meu trabalho como profissional.

Depois de dois anos trabalhando com a 4º série, meu marido foi transferido de Campinas. Deixei minha atividade como professora durante os dois anos em que estive fora daqui. Nessa época retomei meu trabalho como secretária na mesma empresa em que havia trabalhado. Ao voltar a Campinas, voltei para o colégio. Dei aulas para a 1º série, 3º e estou de volta à 4º série.

Neste depoimento, de novo a família entra em cena. Nesse caso, era pelas mãos da filha que a professora assumia seu lugar na história da mulher, mãe e profissional. A filha que ela acompanhava à escola e de cuja aprendizagem participava, reaproximou a mãe da possibilidade de "ser professora" ("eu estava me reaproximando da escola").

A adolescente que gostava de crianças, que cursou magistério e que poderia ser dona de uma escola, optou por uma carreira no setor empresarial. Dedicou-se a ela, mas dela abdicou em favor dos filhos, seguindo uma trajetória comum a muitas mulheres. No confronto entre duas dimensões nem sempre conciliáveis na vida das mulheres — a atividade profissional e a atividade doméstica — Vera Helena fez uma opção, que abriu caminho para que a a professora que ficara silenciada, fosse redescoberta.

No processo de alfabetização da filha e dele participando como mãe, ela re-encontrou a atividade docente e a re-significou. Mais do que o vago gostar de crianças, foi o trabalho pedagógico, em sua especificidade de possibilitar a elas a apropriação e elaboração dos modos de funcionamento e dos mecanismos da escrita, que a fascinou. Ela "tornou-se sensível" aos seus signos. Signos diferentes daqueles envolvidos no papel de mãe.

Ser mãe e alfabetizar são tarefas historicamente distintas, ainda que envolvam, hoje, como parceiros sociais, uma mulher adulta e crianças. O papel de mãe sempre se definiu, e ainda se define, na esfera das relações familiares: a ela sempre coube o cuidado físico da criança, a garantia de seu bem-estar (até mesmo de sua sobrevivência) e o ensino das primeiras regras de conduta.

O aprendizado das primeiras letras e o domínio da escrita dizem respeito a uma outra esfera da vida social e sempre envolveu uma aprendizagem a cargo de um mestre. Do antigo Egito até a constituição dos sistemas nacionais de ensino, sempre coube às famílias da aristocracia e das classes em ascenção, a responsabilidade de prover o acesso de seus filhos (não todos, é certo) à escrita, mantendo, para isso, preceptores particulares ou então enviando-os às escolas de primeiras letras. Próximo da aprendizagem artesanal, o ensino da escrita, ao longo dos séculos, foi tarefa masculina. Por vezes, ela foi bastante valorizada como entre os egípcios, onde o escriba gozava de grande prestígio. Em outros períodos, foi "ofício de quem caíra em desgraça", como entre os gregos, que tomavam como mestres de primeiras letras de seus filhos os rivais feitos escravos nas guerras, ou os perseguidos políticos. Mais tarde, e por um longo período de tempo, foi tarefa dos monges letrados.[47]

Na sua relação com a alfabetização da filha, o papel de Vera Helena foi o de uma acompanhante interessada ("comecei a participar junto com ela do trabalho da escola"), afetivamente envolvida e encantada com o trabalho conduzido pela profissional de educação ("foi um processo de alfabetização lindíssimo, o máximo"). Foi a especificidade deste trabalho que a trouxe de volta ao magistério ("voltei a me indagar quanto ao que fazer e decidi retomar o primeiro objetivo, aquele do início do segundo grau").

Em seu percurso, "ser professora" não foi uma saída para a profissionalização, nem mesmo uma alternativa temporária, enquanto os filhos eram pequenos, uma vez que ela retornou ao magistério, mesmo depois de ter retomado sua carreira como secretária ("deixei minha atividade como professora durante os dois anos em que estive fora daqui. Nessa época retomei meu trabalho como secretária na mesma empresa em que havia trabalhado. Ao voltar a Campinas, voltei para o colégio"). O trabalho como professora foi escolhido depois de ter sido apreendido, aprendido e elaborado por ela, pela mediação de outras professoras: inicialmente a professora da filha, depois as professoras com quem estagiou e de quem foi auxiliar, e, ainda, a companheira de profissão e de escola, cujo lugar assumiu.

Por meio de modos diferentes de aprender com um outro profissional, vividos a partir de lugares sociais distintos, assim foi sua iniciação.

Primeiramente, houve uma aproximação indireta do trabalho pedagógico. Observando a filha que aprendia, a mãe apreendia/elaborava um sentido do "ser professora".

Como aluna, a mãe que redescobrira em si a professora, continuou seu aprendizado. No lugar de estagiária — aluna/futura-professora — ela observou diretamente o fazer do outro. Aprendeu assistindo e observando para depois começar.

E aqui, novamente, notam-se as pregnâncias do passado no processo de formação do educador: o método de "assistir e observar antes de começar", apontado por Platão, como o método próprio da aprendizagem artesanal.⁴⁸ Nela, o aprendiz assiste e observa o mestre para fazer "como" ele. A imitação é o ponto de partida e o ponto de chegada. Homogeneidade como relação. (E ficamos nós, formadores de professores, a reclamar da resistência à mudança e a atribuí-la até a questões de gênero!...)

Finalmente, aprendeu pelo fazer "com" o outro. Como professora auxiliar — ainda não professora, mas não mais aluna, nem estagiária — Vera Helena compartilhou do espaço da sala de aula, das tarefas e dos espaços de atuação da professora da classe: observou fazendo e fez observando. ("Íamos para a sala de aula juntas. Em alguns momentos eu assumia a classe, compartilhávamos a correção do material das crianças, participávamos juntas das reuniões com a coordenação e das entrevistas com pais.")

Em seguida, já professora, mas ainda não tendo assumido sozinha o cotidiano da sala de aula, nem consolidado o conhecimento desse cotidiano, ela compartilhou os receios e ansiedades diante do não-saber, que em si reconhecia, com a companheira de profissão, de quem já não era mais a "auxiliar". Juntas, como professoras, estudaram conteúdos e métodos, procurando superar o não-saber:

> mesmo assim eu me sentia insegura. A Rô, então, propôs-se a trabalhar comigo durante as férias de julho. Estudamos juntas os projetos de matem tica e de ciências que deveriam ser continuados no segundo semestre por mim. Quando eu digo estudar, foi estudar mesmo. Eu tive que aprender desde o conteúdo dessas áreas, até o jeito de ensinar as crianças.

Na relação de ensino que se estabeleceu entre ambas, as dúvidas e questões, os modos de fazer e o conhecimento foram compartilhados. Não se tratava de fazer "como" a professora mais experiente, mas de aproximar-se de conhecimentos e de modos possíveis de elaborá-los, os quais, tendo se formado com outras pessoas, haviam sido por ela incorporados e eram, então, por ela destacados como relevantes, apontados em resposta às indagações daquela que desejava aprender.

Por fim, já professora, Vera Helena solicitou a continuidade do espaço de interlocução fora da escola — acompanhamento, supervisão, nas suas palavras. Nos encontros semanais, o aprendizado nascia da reflexão conjunta sobre o trabalho desenvolvido em sala de aula. Ela aprendeu a olhar para o trabalho produzido. Aprendeu a interrogá-lo e a interrogar-se diante dele, pensá-lo e re-pensá-lo à luz das indagações

> uma vez por semana, ia para a casa dela, à noite, levando todas as minhas dúvidas, todas as minhas indagações e todas as minhas sacadas. Ela me ouvia e me ensinava a analisar cada uma das situações que eu lhe trazia: desde as atividades que eu propunha às crianças, às dúvidas de conteúdo ou atitudes por mim assumidas em classe.

Ao aprendizado da análise do próprio fazer, dimensão cada vez mais roubada aos trabalhadores pela moderna divisão social do trabalho, dedicavam-se as duas professoras, semanalmente, numa resistência silenciosa ao esvaziamento de sua atividade como profissionais.

Pode-se perguntar: por que a necessidade do espaço de interlocução e de reflexão fora da escola, se ali existem coordenadores e supervisores pedagógicos, coordenadores de área, outros professores? E essa pergunta é pertinente ao grupo como um todo, quando pensamos em sua origem.

Um indicador de resposta a essa indagação apareceu numa afirmativa de Vera Helena: "Foi assim mesmo. Tive toda 'assistência' e 'foi aí que aprendi a trabalhar e a confiar no meu trabalho' como profissional".

Assistência, aprendizado, confiança. Assistir, num sentido diferente daquele prescrito por Platão, explica o dicionário, significa acompanhar, ajudar, prestar conforto, partejar. Aquele que assiste compromete-se com aquele que é assistido. Faz junto, participa ouvindo, apontando possibilidades, compartilhando modos de ação, é presença efetiva e afetiva.

Fazendo junto aprendemos. Inicialmente pela imitação. No entanto, a imitação não é o ponto de chegada, porque para fazer junto precisamos fazer.

A parteira que assiste à parturiente orienta-a em seus movimentos e esforços, sugere-lhe como respirar, mas sem as ações dela, pouco pode fazer... É nosso próprio fazer que nos indaga quanto ao modo como o fizemos, que nos leva a nos compararmos com as sugestões e gestos daquele que nos assiste, que suscita novas interferências suas, que nos exige compreensão.

Como compreensão, o aprender, que nasce na imitação, distancia-se dela. Distancia-se do fazer estrito, da ação em si. Torna-se ação para si, que se constitui na ação com o outro. Compreender é elaborar os sentidos em jogo, ler os indícios, significar. Deleuze assinala que "a tarefa do aprendiz é compreender porque alguém é 'recebido' em determinado mundo e porque alguém deixa de sê-lo; a que signos obedecem esses mundos e quem são seus legisladores e seus papas".[49]

A que signos obedecem as nossas relações no interior da escola? Elas são relações de trabalho, "laços humanos criados pela organização do trabalho: relações com a hierarquia, com a chefia, com a supervisão, com outros trabalhadores",[50] que definem os lugares sociais, em termos de comando, controle, poder, responsabilidades etc. Essas relações resultantes da desigualdade na divisão do trabalho, são relações de poder que nos constituem, não só no plano ético, mas no plano de nossa vida mental.

Utilizadas, como destaca Dejours em seus estudos sobre a Psicopatologia do Trabalho, também como táticas de comando e de controle no interior das organizações, as relações de trabalho configuram as condições sociais de produção de nosso "ser profissional" e de nossa atividade mental no exercício do trabalho.

No setor terciário, onde o magistério se inclui, pode-se observar, segundo Dejours, uma técnica específica de comando, baseada na discriminação e na manipulação das relações afetivas entre os trabalhadores. Por meio de repreensões e favoritismos, da avaliação de tarefas, das premiações salariais com base nessas avaliações, do atraso autorizado ou punido, das falsas esperanças de promoção, das confidências provocadas, da tolerância em troca de delações, as chefias jogam com as relações afetivas entre os indivíduos sob seu comando. Elas criam uma atmosfera de desconfiança e disputa que divide o grupo de trabalhadores, desestruturando as relações psicoafetivas espontâneas existentes entre eles como colegas de trabalho. A partir do momento que as rivalidades e as desconfianças se instauram entre os pares, os chefes delas participam, como mediadores, fazendo uso do poder que lhes é conferido por sua posição hierárquica.

O principal efeito dessa tática de comando, em termos organizacionais, é deslocar o conflito de seu eixo vertical para um plano horizontal, assegurando poder aos postos de chefia e de supervisão, num setor onde o controle do ritmo, do tempo e do modo de execução das tarefas pelos subordinados são mais difíceis de se fazer respeitar. Segundo Dejours, ela é uma forma de relembrar aos subordinados a permanência do controle sobre aquilo que realizam e sobre seu próprio comportamento.

Para o trabalhador, diz Dejours, os efeitos dessas técnicas são perversos. Acrescentam-se às ansiedades com relação ao seu desempenho profissional, "a ansiedade resultante do que chamaríamos 'cara feia do chefe'"[51] e a degradação do seu equilíbrio psicoafetivo, na medida em que a desconfiança nos seus pares acaba impedindo a comuniçação durante o trabalho e sobre o trabalho.

Sob tais condições de trabalho, como compartilhar com um colega o nosso não-saber, as nossas dificuldades? Como compartilhar com um colega uma atitude que reconhecemos como inadequada? Com quem falar, dentro da escola, sobre nossas discordâncias? Com quem falar sobre nossos sonhos e esperanças, sobre as modificações que estamos fazendo (ou que gostaríamos de fazer) em nossa atividade, para torná-la mais conforme aos projetos que assumimos? Como aprender fazendo junto na escola, quando a construção da confiança no outro, como parceiro, vai sendo minada?

Em condições que dificultam o compartilhar do trabalho com nossos pares, menor ainda tende a tornar-se nossa aproximação com aqueles que ocupam lugares superiores aos nossos na hierarquia escolar, ainda que seus papéis de supervisão e coordenação definam-se pelas tarefas de dinamizar e integrar o trabalho na escola e de possibilitar, aos professores, o processo de educação continuada. Contradições, conflitos, drama...

Uma experiência que muitas de nós temos vivido ao longo de nossa vida profissional, em decorrência dos modos como têm sido predominantemente produzidas as relações hierárquicas e entre pares na escola, é o silenciamento do trabalho pedagógico. Reunidas, formal ou informalmente, em geral, reclamamos das condições de salário, da falta de material e de nossos alunos, formalizamos o trabalho pedagógico pelos planos de ensino de "papel e gaveta", intercambiamos discursos crivados de clichês pedagógicos, trocamos procedimentos (que sempre se mostram "adequados"), num jogo de dissimulação, deliberado, das angústias e dificuldades, dos acertos e descobertas, dos saberes e não-saberes, da solidão...

No entanto, nós, formadores de professores, na academia e no trabalho junto às escolas e secretarias de educação, (e aqui me incluo como professora universitária que hoje sou) ignorando esse silêncio, que pesa e grita nas relações de trabalho na escola, seguimos atribuindo aos professores o fracasso de nossas empreitadas de educação continuada, na forma de cursos de curta duração, reciclagens e treinamentos. Explicamos seu silêncio denso e incômodo, como conseqüência da incompreensão, de seu imobilismo, da sua descrença e falta de profissionalismo, da resistência à mudança mesclada à adesão superficial aos modismos, esquecendo-nos de que "quando nada acontece há um milagre que não estamos vendo".[52]

As frustrações e ansiedades vivenciadas no isolamento e na solidão afetiva, decorrentes das relações de trabalho, assinala Dejours, aumentam ainda mais, produzindo em grande parte dos trabalhadores o sentimento de "paralisia da imaginação", de "regressão intelectual", de "despersonalização".[53] O movimento do caleidoscópio vai se tornando mais lento e as imagens se fixam por mais tempo.

"Esse sofrimento, de natureza mental, começa quando a relação homem-trabalho é bloqueada."[54] O silenciamento, o isolamento e a solidão no trabalho não impedem apenas o fazer junto na escola. Minando a construção da confiança no outro, como parceiro, dificulta-se, também, a construção da confiança em nós mesmos, como profissionais, uma vez que a confiança no próprio trabalho, uma forma de agir sobre nós mesmos, está geneticamente ligada ao aprender a analisar junto com o outro o trabalho produzido, para poder refletir sobre ele autonomamente e definir-lhe rumos e nuances.

A autonomia, alerta Vygotsky, nasce da atividade compartilhada.

> As regras que um sujeito vem a colocar para si são regras socialmente construídas. As elaborações cognitivas no nível individual não se dão fora da trama social (coletiva) que envolve necessariamente 'o outro', e as palavras, as perspectivas, os conhecimentos dos outros. (...) A autonomia está, portanto, na relação com o outro e na interpretação dessa relação.[55]

As relações de trabalho que têm nos afastado de nossos pares, empobrecem nossa constituição como profissionais e como sujeitos, empobrecendo nossa vida mental. Nós vivenciamos esse empobrecimento, mas nem sempre o reconhecemos.

Nessas condições, buscar espaços de interlocução sobre o trabalho pedagógico e buscar formas de aproximação com nossas parceiras de profissão e de ofício fora da escola, ainda que seja um gesto impulsionado pelo sofrimento provocado pela solidão afetiva e pelo isolamento (efeitos imediatos e percebidos das relações de trabalho vividas), acaba sendo um gesto de resistência (não deliberada e não explicitada) às injunções da organização do trabalho.

Resistência também silente, mas necessária (ainda que individual) e possibilitadora de uma releitura da organização do trabalho (ainda que insuficiente para um projeto de transformação social). A necessidade do encontro, ainda que fora do espaço da escola, evidencia o quanto vamos nos deixando habitar pela organização do trabalho, ensinando-nos caminhos e possibilidades para conquistar o próprio trabalho, por entre as pequenas brechas e oposições que nela podemos produzir e explorar cotidianamente, preservando projetos, esperanças e desejos, dentro da escola. "Tive toda 'assistência e foi aí que aprendi a trabalhar e a confiar no meu trabalho' como profissional."

No jogo: diversidade e unidade

Em torno da mesa, lance a lance, contamos parte de nossas histórias, ao mesmo tempo em que íamos nos dando conta delas. Elas não foram solicitadas. Foram compartilhadas. Despontaram na interlocução, provocadas pelas perguntas de Maria do Carmo ("o que será que leva algumas de nós a buscar tanto e outras a nada buscar? Será que isso é uma questão de dom? Será que é uma questão de sorte?"), e fluíram ao sabor dos comentários que fomos tecendo sobre nossos dizeres.

Cada uma de nós retomou fragmentos de sua existência que nos pareceram mais diretamente ligados à condição profissional ou parcelas do vivido que emergiram em resposta às falas entretecidas na interlocução.

Nessa situação, nossas breves narrativas surgiram numa ambiência de confiança e reciprocidade em que, como narradoras e ouvintes, fomo-nos deixando conduzir pelos próprios rumos da interlocução, flagrando-nos como professoras, como mulheres, como mulheres-professoras em constituição.

Os elementos que apareceram foram praticamente os mesmos: a família, a formação escolar, nossa condição de mulheres e nosso ser profissional em constituição, as escolhas, o aprendizado, a presença constante do outro... Eles serviram às várias histórias e no entanto compuseram narrativas singulares, uma vez que o significado de que cada um deles se revestiu dependeu do lugar que ocupou na trama de relações em que cada história foi-se tecendo.

O que precedeu uma escolha? O que se seguiu a um aprendizado? Quem os mediatizou? Tal como sugere Ecléa Bosi, em relação à memória,

> o que nos parece unidade é múltiplo. Para localizar [o singular] não basta um fio de Ariadne; é preciso desenrolar fios de meadas diversas, pois [o singular] é um ponto de encontro de vários caminhos, é um ponto complexo de convergência dos muitos planos [e papéis] do nosso passado [e do nosso presente].[56]

O professor de Antonieta mediatizou-lhe a percepção de si mesma como professora.

A convivência com a mãe professora tanto favoreceu a escolha quanto a recusa do magistério como profissão. Deise e a irmã aderiram ao projeto de profissionalização que a mãe oferecia a elas, mas realizaram-no de maneiras radicalmente distintas. A primeira acatou o projeto da mãe, assumindo-o como prática e identidade; a segunda resistiu a ele, "virou professora" e acabou por abandonar a profissão.

Maria Lúcia tornou-se professora em busca de uma vida profissional que redimensionasse sua condição de mulher e de filha diante dos projetos que o pai sonhara para ela.

Vera Helena deixou uma carreira mais prestigiada e valorizada economicamente, para tornar-se professora, mediada pela filha que se alfabetizava, iniciando-se, seduzida, nos encantos e mistérios da mediação deliberada da apropriação da cultura pela criança.

A professora que cada uma de nós se tornou foi-se constituindo, silenciosamente, ora entrelaçada à filha que se opunha ao pai, ou que acatava a sugestão da mãe, ora entrelaçada à mãe, que pelas mãos dos filhos que aprendiam re-encontrou em si a professora, ora entrelaçada às alunas que fomos. Embate, obediência, sedução tingiram o entrelaçamento dos fios de meadas distintas.

O tempo também marcou nossas histórias. Não nascemos professoras, nem nos fizemos professoras de repente. O fazer-se professora foi-se configurando em momentos diferentes de nossas vidas.

Os relatos de Maria Lúcia, Vera Helena, Antonieta e Deise partiram da adolescência e da vida adulta. Os de Maria do Carmo e os meus partiram da infância. Nós duas nos recordamos do prazer que sentíamos em brincar de ir à escola e de ser a professora.

Enquanto me afastei das lembranças da infância, para situar minha opção pelo magistério já na idade adulta, Maria do Carmo situou aí sua escolha, marcada pelas impressões deixadas pela primeira professora, sobre a menina que ela foi.

A professora nasceu em Maria do Carmo, fora das relações familiares. Sua experiência escolar, antecipada pelo brinquedo e vivida como aluna, suscitou e manteve sua decisão por essa profissão. Foi na sala de aula, como aluna, menina e adolescente — que ela foi se apropriando das regras de organização do trabalho docente e do sentido de que se revestia, para ela, a função social de professora. Seu modelo de professora foi marcado pela própria escola.

Também para mim o processo de escolarização vivido na universidade, ao me colocar em contato com propostas educativas e com professores que me instigaram a uma re-leitura de minhas compreensões iniciais acerca da educação, da escola e do papel social do professor, acabou por me conduzir à professora que me tornei. Embora a experiência familiar me tivesse iniciado nos segredos da instituição escolar, foi como estudante que acabei me fazendo professora. Mas meu modelo foi menos a escola que vivi, do que aquela que visualizei como possível.

Experiências escolares distintas, a minha e a de Maria do Carmo, inseridas em histórias de vida também distintas, resultaram numa decisão semelhante: ser professora. No entanto, tal como Deise e sua irmã, elaboramos concepções diferenciadas acerca do "ser professora", ainda que a dimensão do poder, nelas contidas, estivessem explícitas para nós duas, em suas diferentes nuances: poder disciplinador, conformador, num caso; possibilidade de transformação, no outro.

Entretanto, não fomos só nós duas que nos fizemos professoras na escola. Todas nós nas salas de aula, como alunas interpretando os dizeres e gestos de nossos professores, elaboramos sentidos possíveis da educação escolar e nos apropriamos das regras de organização do trabalho docente. Como professoras, no silenciamento das relações de trabalho, aprofundamos esse conhecimento. Vivendo as relações entre iniciantes e iniciados (cheias de receios, de exigências e de desconfianças), observamos nossos pares para fazer como eles, imitando seus gestos e dizeres e/ou aprendemos pelo fazer junto com eles a indagar-nos e a interpretar os signos em jogo nas relações. Também ensinamos aprendendo e aprendemos ensinando com nossos alunos.

Se a escola foi um dos espaços de nossa formação, esta se estendeu para além dos limites daquela, porque também nos fizemos professoras nas relações de aprendizado com nossos alunos, com nossos filhos, com os moradores dos bairros populares, pela aproximação das suas vivências e dos seus valores, procurando compreender o sentido e a função da educação nas suas vidas.

Parafraseando Calvino,[57] tal qual a narrativa e o jogo, também a existência mergulha na encruzilhada das possibilidades, produzindo especificidades que não se esgotam nos sentidos de cada história imediata. Em sua diversidade, elas correm ao encontro umas das outras, aproximando-se, sem se confundirem, na rede comum de um passado e presente entrelaçados, que as significa e constitui.

"Tornar-se professora", mais do que uma condição, foi também o processo pelo qual nos inserimos, de um modo específico, como mulheres e trabalhadoras, na corrente das relações de trabalho e das práticas educativas de nosso grupo social, relações e práticas que se formaram sem nós e diante das quais "não fomos, de início, senão um objeto como os outros."[58]

Os conteúdos das tarefas ligadas ao papel social de professora, as responsabilidades, as práticas, os valores, os saberes, os rituais nele envolvidos, que constituem a memória de sentidos de nossa atividade e de nosso saber-fazer como profissionais, foram sendo por nós elaborados num lento aprendizado, que se confundiu com o desenvolvimento de nosso "ser profissional", no exercício cotidiano de nossa própria profissão.

Ser professora da escola fundamental, tornou-se nosso "emprego", nossa fonte salarial e o lugar que ocupamos na hierarquia de uma sociedade onde o valor material e social do trabalho é profundamente diferenciado. Como realidade objetiva no interior da estrutura capitalista, a condição de professoras nos inseriu numa determinada organização do trabalho[59] que, definindo e delimitando o lugar que ocupamos, vem mediatizando nossos gestos e dizeres, nossa vida mental, a expressão de nossos desejos...

As especificidades da organização do trabalho docente também nos constituíram e seguem nos constituindo. Vivendo-as, dentro e fora do espaço escolar, produzimos as professoras que somos. Em suas confluências e oposições às muitas outras dimensões e papéis sociais que nos constituem, fomos transformando-as em parte de nós, fomos imprimindo-lhes nuances e tonalidades singulares.

Como vivemos e como significamos a organização do trabalho em que nos inserimos? Como nos reconhecemos nessas condições? São as indagações que nos fazemos constantemente.

Praxis e *poiesis*:
as relações da professora com seu ofício

> Resistir:
> Sonhar? Recuperar idéias anuladas:
> esperança
> solto fio
> horizonte
> livre traçar
> As mãos empunham lápis
> Sobre papéis tão finos
> ressentidos
> desarmados por enredos
> armaduras
> urdiduras:
> o bordado pode?
> o avesso tem?
> outra história há?
> Registro.
> Traço.
> Teia eu desfaço?
> Nilma Gonçalves Lacerda — *Manual de tapeçaria*

Trabalho e subjetividade

Embora nossos relatos acerca do tornar-se professora tivessem sido desencadeados por uma observação de Maria do Carmo a respeito da aparente apatia e do desinteresse encontrados em uma colega de escola, naquele momento, não abordamos aspectos das relações de trabalho por nós vividas. Em nossos relatos sobre o tornar-se professora, elas apareceram apenas indiretamente. Explicitamos muito mais o significado de que se revestia o trabalho docente para cada uma de nós e as satisfações que nele encontrávamos do que propriamente as condições sociais de produção em que o vivenciávamos, produzindo-o e produzindo-nos como profissionais e sujeitos singulares.

O trabalho fundido à própria vida foi destacado por Maria Lúcia que, ao tornar-se professora, encontrou nele uma forma de autorealização, de sentido para a própria existência e uma re-significação de sua condição de mulher.

O trabalho pedagógico como ação que tem alcance além do imediato e fins que não se esgotam em si mesmos foi referido por Vera Helena, Antonieta e Maria do Carmo. As duas primeiras destacaram-no na sua dimensão de produção do humano, que se renova a cada geração, enquanto a última enfatizou seu poder de conformação. Modos distintos de aludir à dimensão política do trabalho educativo, cuja compreensão me foi possibilitada por Paulo Freire e por meu professor de História da Educação. Ambos, mediatizando com seus dizeres minhas relações com os alunos, alertaram-me para a necessidade de me aproximar do ponto de vista do outro e de "ouvir o que não é sempre audível":[1] os sentidos e as necessidades que ele apreende a partir do lugar social, do mirante em que está colocado...

Hannah Arendt,[2] refletindo sobre a condição humana, analisa o trabalho em três dimensões. O trabalho como garantia da sobrevivência biológica (*labor*); o trabalho como o ato de fazer, de criar um produto que sobrevive à própria atividade e que tem uma finalidade que ultrapassa a mera sobrevivência (*poiesis*); e a *praxis* que, circunscrevendo o trabalho no espaço da política, possibilita ao homem perceber sua ação não apenas como um fim em si mesma.

Poiesis e *praxis* — dessas dimensões mais genéricas aproximamo-nos ao nos dizermos professoras, deixando em segundo plano as condições e organização do processo de trabalho docente, onde produzimos as professoras que efetivamente temos sido.

Nossos modos de apreender e de elaborar essas dimensões do trabalho docente deixaram-se entrever ao longo de nossos encontros. Não como momentos deliberados de reflexão sobre elas; apareceram entremeados a outros dizeres, escapuliram e entraram no meio de uma outra conversa...

Algumas vezes, as condições de trabalho apareceram em meio à queixa contra os baixos salários. Afinal, nossa atividade era, no momento da pesquisa (e continua sendo), a fonte salarial de que dispúnhamos. Não mais "pros alfinetes", como se dizia décadas atrás; nem como "bico" "que só acrescenta, mas não sustenta um orçamento doméstico".[3] Nós seis, em nossa semelhança com a maioria das professoras espalhadas pelas escolas, compartilhávamos com nossos companheiros (e, em alguns casos, com nossos filhos) as prestações da casa própria ou o aluguel, a compra do mês, os gastos com educação (dos filhos e nossa). Mesmo aquelas que ainda não haviam se casado ajudavam a família, custeavam seus estudos ou já dividiam, com seus futuros companheiros, as prestações do futuro apartamento, do telefone etc.

Nossos depauperados salários provocaram, em alguns momentos, lamentos em torno do fato de muitas de nós sermos obrigadas a "dobrar", assumindo oito horas de trabalho diárias na escola (como o faziam duas professoras do grupo), ou mais outras quatro ou seis horas em casa, acompanhando crianças que, por algum motivo, não estavam dando conta sozinhas das atividades que a escola propunha e/ou impunha a elas (solução assumida por uma professora do grupo).

Outras vezes, a questão salarial apareceu misturada a nossa impossibilidade, a exemplo de muitos outros trabalhadores, de ler mais, de fazer cursos, de freqüentar teatros e cinemas, de viajar... Enfim, de termos acesso aos bens culturais que estão na base do nosso fazer.

Nesses momentos, não analisamos nem discutimos o porquê de nossa condição salarial. O tema das conversas era outro, passando pelas dificuldades e pela frustração, causadas por tão acanhado salário, aos nossos projetos, desejos e necessidades. Entre elas, o lamento e a raiva acabavam se imiscuindo.

O mesmo ocorreu em relação à ausência de reconhecimento e valorização sociais de nosso trabalho fora da escola e dentro dela.

De repente, em meio a uma discussão no grupo, algumas de nós relatavam o incômodo causado pelos comentários de familiares e amigos diante de nossa opção profissional. "Não me conformo!" — disse o pai a uma de nós. "Você, tão inteligente, querer ser professora!" ou "Você, professora?! Primária?! Não acredito..." — espantou-se um ex-colega de escola, quando, anos depois, nos reencontramos.

Também não foram poucas as vezes em que nos detivemos a criticar a inexistência, na escola, de uma carreira que pudéssemos percorrer como professoras e a falta de incentivo para continuarmos nossa qualificação, tanto na rede de ensino público quanto na rede de ensino privado.

Em nossa profissão, o fato de qualquer tipo de ascensão funcional pressupor o tempo de serviço ou o abandono da sala de aula, conduzindo-nos a cargos administrativos ou ao trabalho como especialistas, em funções de direção, coordenação, supervisão e orientação pedagógica, opção muitas vezes assumida por questões financeiras (como foi o caso de uma de nós) mais do que como desejo e interesse profissionais, tem nos colocado em situações embaraçosas e desestimulantes.

Em muitos momentos, relatamos o desconforto sentido ao percebermos que nossas manifestações de interesse por nos qualificarmos, por cursos de pós-graduação ou de investigação, como "professoras-pesquisadoras", eram encaradas por nossos pares e superiores como desnecessárias ao papel de "professora primária", sendo interpretadas como indicadores do desejo de mudar de função.

Assim aconteceu com Maria Lúcia. Buscando conhecer e orientar os modos de estudar de seus alunos de 4ª série, ela desenvolveu com eles pequenos projetos, tendo em vista possibilitar-lhes a organização da própria vida escolar de maneira mais autônoma. Ao tomar conhecimento desses projetos, a coordenação da escola fez o seguinte comentário com a professora: "Que bom! Logo, logo você pode ser a nossa orientadora educacional!". Ou: "Deixa isso de lado!", disse-me a diretora da escola onde lecionava, ao ser comunicada de meu afastamento para iniciar o mestrado. "Professora de 1ª a 4ª não precisa saber muito. Saber muita coisa acaba atrapalhando."

A manifestação de uma baixa expectativa com relação a nossa capacidade "como intelectuais" também foi por nós experimentada nas relações entre pares. Nossa condição de professoras polivalentes tem nos valido, dentro da organização parcelizante do trabalho, dominante na escola sobretudo a partir da década de 70, o desconforto de nos sentirmos consideradas, por nossos próprios colegas de 5ª a 8ª séries e pelos coordenadores de área, como menos informadas e menos capazes de tratar do conhecimento de áreas específicas em profundidade. Numa relação claramente verticalista, muitos de nossos coordenadores, "entendendo as dificuldades das meninas de 1ª a 4ª", vêm deliberando por nós quanto ao que ensinar, ao como ensinar e ao como avaliar, trazendo-nos prontos o material a ser utilizado com os alunos, as avaliações a serem aplicadas, o controle do tempo/ritmo/seqüenciação de nosso trabalho.

Compartilhamos também momentos em que fomos surpreendidas pela baixa expectativa da parte de profissionais externos à escola (como psicólogos, fonoaudiólogos, médicos), em relação ao nosso saber profissional, ao nosso empenho e compromisso, sustentada, supostamente, por uma índole submissa e doméstica e por um baixo senso de profissionalismo e de desafio, por parte de quem teria no trabalho fora de casa, apenas uma ocupação complementar.

Passando por cima do nosso saber próprio de professoras, tais profissionais, muitas vezes, determinaram unilateralmente formas de atuação com a criança, a serem seguidas por nós, parecendo ignorar as especificidades do espaço escolar, que eles viveram apenas na condição de alunos, e onde a criança não mantém, com a professora, uma relação individualizada como a que costuma estabelecer nas sessões de atendimento e/ou terapia com eles.

Foi falando, com tristeza e revolta, do esvaziamento profissional, do descrétido e intromissão no nosso saber-fazer, da desvalorização de nosso trabalho, do preconceito em relação a nossa condição de mulheres, que acabamos revelando nosso reconhecimento das condições e da organização do trabalho docente nas professoras que éramos.

Esse reconhecimento manifestou-se também por gestos involuntários como a própria decisão de buscarmos formação, apoio e um espaço de reflexão e de autoconhecimento fora de nossos locais de trabalho e nos pedidos de ajuda dirigidos por algumas de nós ao grupo, diante de momentos particularmente difíceis, vividos na escola e marcados pelo medo e pela insegurança, diante da possibilidade do descrédito como profissionais ou mesmo de uma demissão.

Por que isso aconteceu assim? Por que falamos das nossas condições de trabalho sem falarmos diretamente sobre elas? Por que o tom queixoso e não a análise objetiva?

Ezequiel T. da Silva analisa a seguinte ambivalência:

> enquanto o porquê básico para ser professor é colocado em termos de gosto ou vocação, indicando o matiz ideológico do dom, a finalidade do trabalho docente volta-se à reflexão e à construção da cidadania.[4]

Como resultado do "intenso massageamento ideológico a que está submetida a 'massa' do professorado",[5] Ezequiel apontou a participação política — entendida como a "reflexão coletiva sobre os determinantes históricos, econômicos e políticos do trabalho pedagógico escolarizado e da atuação conjunta sobre suas circunstâncias de vida" — como o único caminho para o rompimento "da não-rebeldia" em relação aos determinantes do ensino e para "a construção de uma identidade alternativa para o professor".

Neri também constatou que os professores e professoras por ela estudados, independentemente de seu tempo de exercício no magistério, consideraram, em seus depoimentos, a docência como portadora de prazer e de vocação. Apesar de reconhecerem ser um trabalho árduo e desvalorizado socialmente, analisavam a docência a partir da possibilidade de mudança e de transformação social, como espaço de formação das novas gerações, e viam nessa possibilidade de contribuir para a construção de instrumentos para a cidadania ativa o fator determinante de sua identificação com o magistério e de sua permanência nele, embora nem sempre definissem claramente de que cidadania falavam e em nome de que/de quem a defendiam.[6]

No entanto, ao mesmo tempo em que se reconheciam vocacionados ao exercício da docência, os mesmos professores percebiam-se desqualificados pelas condições e pela organização do trabalho docente para realizar as potencialidades que atribuíam a sua atividade.

Enquanto os professores novatos viam nas relações de poder e de controle internas à escola um limite para sua qualificação, aqueles com maior tempo no magistério reconheciam que as condições e a organização do trabalho impostas pelo Estado, como seu empregador, é que determinavam sua desqualificação, por obrigarem o professor a se converter num "dador de aulas"[7] sem tempo para a reflexão sobre o porquê, o para que, o para quem e o como de seu próprio trabalho, esvaziando a discussão em torno do projeto de construção de uma cidadania ativa.[8]

> A perda do espaço político constrói um professor desinteressado e desprovido de responsabilidade perante seus alunos, decorrendo daí a ausência de significado para o conteúdo [o conhecimento] trabalhado."[9]

Procurando aproximar-se dessas contradições também em sua dimensão simbólica para então apreender os componentes subjetivos que perpassam as relações sociais, Neri, além de reconhecer como Ezequiel o caráter ideológico da vocação "que acaba por ocultar as contradições presentes nas condições de trabalho", sustentando-as, interpretou o destaque dado pelo professores à relação vocação/ prazer e à relevância social da docência como indicadores da sua resistência às condições e à organização do trabalho docente, em dois sentidos: a valorização da docência como vocação representaria uma estratégia defensiva[10] no plano individual, ou seja, a vocação funcionaria como um disfarce ou mascaramento do sofrimento produzido pela angústia e pela insatisfação que os professores vivenciam no trabalho. Assim, a compensação das precárias condições de trabalho e da perda do espaço público seria explicada no nível individual pela vocação para permanecer na docência. "Trata-se de um jogo. Quando se perde no coletivo, o indivíduo torna-se a centralidade das dificuldades do trabalho docente."[11] Por outro lado, o potencial de transformação da educação, ainda que considerado de modo genérico, proveria a docência de significados simbólicos no plano da ação coletiva — para que, em nome do que se educa? — não só encobrindo a insatisfação, mas possibilitando aos professores reconhecerem-se coletivamente como desqualificados por suas condições de trabalho.

Nessa perspectiva, analisa Neri,

> a qualificação docente adquire dupla dimensão: o professor sente-se portador de qualificação porque tem vocação e atribui significados aos resultados de seu trabalho; simultaneamente, também é portador da não-qualificação, dadas as condições e a organização do trabalho, de caráter estrutural.[12]

No jogo conflituoso da busca do reconhecimento social pelo seu trabalho, os professores mover-se-iam entre as respostas individuais — do professor com vocação e que sente prazer na docência — e as coletivas.[13]

Como Ezequiel, Neri considera que "as possibilidades de ruptura dessa ambigüidade encontram-se na constituição do espaço público, de ação e debate, na constituição de uma nova sociabilidade", em que os professores passariam do reconhecimento da desqualificação para a exigência e a defesa por melhores condições de trabalho e de salários, reconhecendo-se como sujeitos coletivos.

Madalena Assunção, trabalhando com professoras "primárias", focalizou as ambigüidades, expressas no discurso e nas atitudes das mulheres-professoras, sob outros dois aspectos: o da queixa e o da relação da mulher com o dinheiro, trazendo para a reflexão as relações de gênero.

Segundo suas constatações, a queixa, entendida como uma forma específica de falar sobre as situações que causam mal-estar e aborrecimento, como postura resignada que assegura que nada mude, utilizada principalmente pelas mulheres em nossa cultura, ocupava um espaço significativo nas conversas entre as professoras no cotidiano escolar.[14]

Voltadas para os mais diversos alvos, as queixas concentravam-se sobre alguns aspectos das relações de trabalho, destacando-se entre eles o salário. Embora o salário fosse a segunda maior queixa das professoras estudadas, ao inquiri-las acerca do quanto deveria ser um salário justo para sua atividade, Madalena deparou-se com afirmações de que o salário era compatível com o mercado de trabalho, podendo até ser considerado razoável, com sugestões de aumento irrisórias e com comentários que, supervalorizando a atividade de trabalho das professoras "primárias", evidenciavam que mais do que monetário o valor que atribuíam e esperavam ver conferido a sua função era outro: o reconhecimento social da magnitude e da importância da educação básica.[15]

Madalena analisa que as contradições presentes nos depoimentos levaram-na a tomar o salário não em seu valor real, objetivo, mas muito mais em sua dimensão simbólica — ou seja, a representação que a professora faz seu salário — e a constatar nisso a existência de algo além da simples relação objetiva: algo de subjetivo, do domínio das representações, de desejos que perpassam constantemente as relações.

Esses dados reforçaram suas suposições iniciais acerca da necessidade de "um outro olhar" no estudo das relações da professora com o salário e com a organização do trabalho, que considerasse não somente as explicações centradas na submissão da mulher à ordem econômica, mas também "as demais dimensões humanas", tais como as relações de gênero que marcam — de maneira inconsciente — as relações da mulher com o dinheiro e com o trabalho, numa sociedade que se norteia pela ideologia patriarcal.

Ancorando-se nas reflexões de Clara Coria[16] acerca da dependência feminina, Madalena analisou o conflito inconsciente que a mulher vive numa cultura onde o dinheiro, bem como a atividade profissional ainda permanecem sexuados, associados a atributos relativos à identidade masculina. Um resultado visível desse conflito estaria no fato da mulher, apesar de ter conseguido o acesso ao dinheiro, ainda não ter poder de decisão sobre ele e continuar a pedir permissão ao homem, mais do que sua opinião, para administrá-lo.[17]

O mesmo aconteceria com relação às queixas contra a organização do trabalho. "Elas são uma maneira de expulsar a violência que não se pode engolir", afirma Madalena citando Alicia Fernandez,[18] mas, paradoxalmente, representam também uma armadilha porque "a queixa imobiliza"[19] não produzindo nenhuma transformação nessa condição de violência.

As queixas das professoras, analisa Madalena, apresentavam de forma paradoxal tanto sua resistência às condições de trabalho a que estavam submetidas quanto a convalidação dessas condições pela resignação e, nesse sentido, elas viviam um jogo contraditório em que ao resistirem conformavam-se e ao se conformarem resistiam a suas condições de trabalho.

A exemplo dos outros dois estudos, Madalena também apontou que a ruptura da ambigüidade passaria por uma releitura da condição de professora, "tendo o olhar voltado para as dimensões históricas, sociais, culturais e inconscientes [nela] presentes e atuantes".[20]

Confrontados, os trabalhos destacados revelam não só a contradição constitutiva de nossa relação com o trabalho mas, sobretudo, sua multideterminação e sua multiplicidade de sentidos. Nos modos como nos reconhecemos nas condições de trabalho, estão presentes tanto o conformismo e a alienação, apontados por Ezequiel sob a denominação de "não rebeldia", quanto nossos mecanismos de defesa diante dos determinantes do trabalho docente, aspectos conscientes e não conscientes da nossa condição de mulheres, aspectos de nossa submissão à ordem econômica. E, também, nossa busca de reconhecimento e nossa resistência como profissionais.

Apesar dessa diversidade estar documentada, no conjunto formado por esses estudos, e ser reconhecida por Neri e Madalena, nenhum deles considerou a possibilidade da realização pessoal e profissional com nosso ofício e do nosso prazer no trabalho serem "reais", mesmo diante de condições de organização tão adversas. O prazer e a auto-realização documentados nas falas dos professores são analisados como manifestações subjetivas, ambíguas e contraditórias de submissão e de resistência, a serem superadas num processo de construção de uma outra "identidade" profissional, marcada pelo nosso reconhecimento como sujeitos coletivos, a partir da tomada de consciência e da discussão pública dos determinantes do ensino.

E aqui retorna a questão proposta por Maria do Carmo. Apesar da retribuição que recebemos por nossa atividade, (salário, vantagens materiais, reconhecimento social e profissional) ser irrisória e bastante decepcionante, apesar da organização do trabalho produzir em nós insatisfação, ao longo de nossa convivência, em nenhum momento, referimo-nos ao trabalho, apenas como uma ocupação. Nós seis nos fizemos professoras acreditando que nossa atividade era necessária às pessoas e a nós mesmas. Continuamos professoras, acreditando nisso e gostando de ser professoras, tanto assim, que buscamos, no grupo, um caminho para nos conhecer no trabalho e pelo trabalho. Por quê? Como explicar esse gostar de ser e continuar sendo professoras, apesar de tudo?

O que será que leva algumas de nós a buscar tanto e outras a nada buscar? Será que isso é uma questão de dom? Será que é uma questão de sorte?

Segundo Dejours,[21] que tem se dedicado ao estudo das relações entre a organização do trabalho e a vida psíquica, nem dom, nem sorte respondem à pergunta. As respostas passam pela resistência, pelas estratégias defensivas, apontadas por Neri e Madalena, e também pelo prazer, pelo "sofrimento criativo". A noção de "sofrimento" é central no trabalho de Dejours. Para ele, o sofrimento surge quando a organização do trabalho entra em conflito com o funcionamento psíquico dos homens, remetendo a um processo dinâmico da luta do sujeito contra forças que o estão empurrando em direção à doença mental. Esse "sofrimento é patogênico, quando estão bloqueadas todas as possibilidades de adaptação entre a organização do trabalho e os desejos dos sujeitos",[22] e "criativo" quando contém uma "tentativa de transformar a realidade circundante conforme os desejos próprios do sujeito".[23] A resposta à pergunta passa também pela conquista de nosso próprio trabalho e pela relação afetiva que desenvolvemos em relação a ele.

Quando o trabalhador consegue preservar certa margem de liberdade com relação ao conteúdo, ao ritmo e ao modo de realizar sua atividade, seguindo para isso sua vivência subjetiva, assinala Dejours, grandes dificuldades concretas do trabalho são, até facilmente, aceitas.

Embora condições mais livres de organização do trabalho só se encontrem entre os artesãos, os profissionais liberais (cada vez mais escassos) e entre os responsáveis de alto nível, é possível, segundo Dejours, flagrar nas experiências concretas vividas pelos trabalhadores não apenas momentos de capitulação, mas também de "conquista do seu próprio trabalho", que vão constituindo modos distintos de relação com o seu fazer como profissionais.

É interessante destacar que Maria Inês Rosa,[24] estudando o destino social de operários que ficaram desempregados, depois de permanecerem vinculados muitos anos a um mesmo emprego, contribui, a exemplo de Dejours, para uma re-leitura da "alienação" do trabalhador em face da organização do trabalho determinada pelo capital.

Ancorada nos estudos de Foucault (um referencial distinto, embora não totalmente estranho àquele assumido por Dejours, que busca referências na psicologia do drama de Politzer), Maria Inês nos aproxima dos processos de constituição do "ser profissional" dos trabalhadores por ela entrevistados no seu cotidiano, evidenciando que embora o trabalho fabril traga em seu bojo a opressão capitalista, ele não é privado de sentido e de prazer para os trabalhadores. Eles não só estabelecem uma forte relação afetiva com o produto de sua atividade e com seu local de trabalho, como também desenvolvem em suas relações com outros indivíduos que compõem a organização do trabalho na fábrica (patrões, administradores, chefes, outros trabalhadores) estratégias para demarcar espaços, fixar fronteiras e definir "identidades", num jogo marcado pela tensão constante,[25] em que as relações de trabalho explicitam-se não só como relações de produção, mas como relações de poder, nas quais o modo de ser moral de todo e qualquer trabalhador é produzido.[26]

Na produção imediata, analisa ela, os trabalhadores desenvolvem o saber técnico, o saber próprio sobre o processo de trabalho que vivenciam cotidianamente e sua criatividade. Eles também re-significam sua atividade à medida em que lhe imprimem, mesmo que em momentos fugazes, seu ritmo, seus valores, enfim, sua singularidade, incluindo-se "relações de trabalho que tentam reduzi-lo à condição de coisa, 'a apêndice da máquina', ou ainda, a força física, produtiva, num tempo produtivo quantitativo".[27]

Com relação ao local de trabalho, Maria Inês, desviando-se da leitura habitual desse espaço como um espaço público, analisa como os trabalhadores dele se apropriam como espaço privado, íntimo, no qual também constroem relações de proximidade, de familiaridade, que nem sempre correspondem às imagens dominantes, de cunho economicista, das relações patrão/empregado ou chefe/subalterno.

Os estudos de Maria Inês e Christophe Dejours realizam mais do que uma aproximação e/ou consideração da problemática do sujeito. Eles nela "mergulham" e assim contribuem de maneira significativa para a argumentação em favor da importância do estudo de questões da vida psíquica, na análise e compreensão da exploração, no movimento (não uniforme, não homogêneo, nem absoluto) em que ela se configura no cotidiano das relações de trabalho.

Ao priorizarem a interpretação da vivência dos trabalhadores nas fímbrias do processo de sua produção imediata, eles nos aproximam da relação "sentimental" que o trabalhador estabelece com seu ofício, aportando elementos para a re-significação dos processos pelos quais, nós professoras, vamos constituindo nosso ser profissional nas relações de trabalho.

Para focalizar esse processo, apresento e analiso, a seguir, um dos momentos de nossas interlocuções em que discutimos a prática do registro, por escrito, do trabalho desenvolvido em classe pela própria professora. Nessa discussão, provocada pelo interesse de uma das professoras em apropriar-se desse modo de relação com seu trabalho, cada uma de nós tomou a si própria como objeto de reflexão, na medida em que, para falar do registro que fazíamos e de como o fazíamos, tematizamos a relação, particular e irrepetível, que estabelecemos com o nosso próprio fazer. Tematizamos como cada uma de nós olhava para o seu próprio trabalho; o que e como registrávamos; como cada uma de nós se percebia e se dizia professora nesses registros? Que julgamentos formulávamos sobre nós mesmas no papel de professoras.

Reflexões e refrações do "ser professora" no registro do trabalho

Disse-o Guimarães Rosa: "No mais, mesmo, da mesmice, sempre vem a novidade".[28] E assim o foi.

Em torno da mesa, redondo bastidor: a tela estendida, todas frente a frente, em nossas indagações, retomamos os fios. Pontos já bordados, espaços por preencher... O motivo delineado não era novo: como registrar por escrito o trabalho desenvolvido na sala de aula?

Desde a década de 80, relatos de experiência baseados nessa forma de documentação da prática pedagógica e propostas de como realizá-la vinham sendo impulsionados nos cursos de formação e nos projetos de educação continuada de professores, como uma alternativa favorecedora da reflexão sobre o trabalho docente e rica em possibilidades para o desenvolvimento do professor.

Embora não consolidado como prática entre as professoras da escola fundamental, o registro, nesse tempo, fora ganhando destaque. Virou tema de estudos, de teses e de livros. Tornou-se o centro de projetos de assessoria pedagógica. Institucionalizou-se em algumas escolas. Valorizando, integrou-se ao ideário em circulação a respeito de nossa atividade, carregando consigo modos de compreensão do trabalho docente que, pela incorporação ou pela negação, passaram a constituir, em alguma medida, o "ser professora" em elaboração por todas nós.

Interessada em desenvolvê-lo, Maria Lúcia trouxe para o grupo sua preocupação:

> estou querendo fazer um diário, mas não sei como fazer as anotações. Porque antes, quando eu estava como estagiária, eu observava e já ia descrevendo tudo o que a professora fazia. Era mais fácil porque eu estava só observando e, além de registrar, eu já ia vendo os erros da professora. Agora é diferente. Primeiro porque eu não vou estar registrando na hora e segundo porque eu sou a professora. No caso, eu chego em casa e faço o quê? Eu descrevo a minha rotina do dia? O que eu trabalhei com as crianças e como? A reação das crianças? As dificuldades que eu senti? Se eu pensei uma coisa e eles responderam outra? O que eu tenho que anotar?

Interesse pelo registro. Desejo de realizá-lo. Dificuldades para iniciá-lo tendo que viver, a um só tempo, o papel de protagonista e de observadora de sua própria atuação. Tudo isso Maria Lúcia compartilhava conosco, naquele momento, vendo-se dividida entre dois papéis sociais distintos e aparentemente antagônicos. A observadora, colocando-se fora da ação, aprendia e apreendia o trabalho docente pelo olhar. A protagonista, vivendo a ação, estava nela mergulhada. Como observar a própria ação?, perguntava Maria Lúcia, percebendo-se, repentinamente, desdobrada. O olhar fazer e olhar-se fazendo: dois fios que, teimosamente, enlaçavam em seus dedos.

Embora esses dois papéis sociais não lhe fossem estranhos, eles haviam sido vividos por ela, separadamente e em momentos distintos de sua vida profissional. O papel social de observadora fora vivido e elaborado junto com o papel de estagiária. Naquele momento, ainda que distintos, esses dois papéis harmonizavam-se entre si. À estagiária, na condição de aprendiz, num processo de formação baseado no método de 'assistir e observar antes de começar', não só era possibilitado, como pressuposto, o distanciamento do fazer, favorável à atitude de observação. (Teoria e prática cindidas em nós desde a formação...)

Como professora/protagonista, mergulhada no próprio fazer, Maria Lúcia dava-se conta de como esse distanciamento, que o papel de observadora conferia à estagiária e que o papel de estagiária, por sua vez, conferia à observadora, possibilitava-lhe, então, saber o que olhar, o que registrar e, até, como julgar o trabalho do outro. Desse lugar de certezas, por entre os espaços já riscados, nascia das suas mãos de estagiária/observadora um bordado sem riscos.

A articulação entre ação e observação, no papel da professora que se esforçava por "olhar para" o próprio trabalho, substituíra suas certezas por questões exigindo-lhe um esforço de re-elaboração do papel de observadora em sua relação com o papel de professora e do papel de professora em relação ao papel de observadora.

Inicialmente a estagiária, que ela já não era mais, foi a mediadora de suas tentativas de re-elaboração. No conhecimento já elaborado e no papel que desempenhara, Maria Lúcia buscou pistas, que a ajudassem a dar conta das tarefas de observar-se e de registrar-se.

Aberto o espaço para a participação, ocupamos lugares na interlocução e, na tentativa de responder, em parte, às questões formuladas por Maria Lúcia, fomos agregando à questão do registro outras nuances e possibilidades de significação.

Vera Helena destacou a dificuldade que encontrara. Eu, a alegria em fazê-lo.

— Lá na escola a coordenação está pedindo esse registro. A minha experiência foi muito pequena. Eu fiquei a tarde inteira para registrar um dia de aula. Você acha possível?
— "No começo é assim," comentei. Em 87, quando eu estava começando o mestrado, eu me lembro que passava as minhas tardes inteiras registrando tudo o que eu conseguia perceber na sala de aula. Chegava da escola, preparava aula para o dia seguinte, lembrando do que havia observado. Em seguida, sentava para registrar. Ia até às sete, oito da noite.
Você registrava tudo? Até o que acontecia na escola, por exemplo?
Calma, Malu. Eu não estou respondendo a sua pergunta. Estou comentando a fala da Vera Helena.
Olha, eu fiz assim, comentou Vera Helena. Eu registrava na classe algumas palavras-chave, algumas idéias como lembrete, que depois dava para desenvolver em casa. E daí eu chegava em casa,

sentava e escrevia. Fiz isso duas únicas vezes. Entreguei para a coordenadora, mas não achei que tenha valido a pena. Ela fez um comentário superficial, elogiando o fato de eu ter feito o registro, mas não disse nada com relação ao que foi registrado. Eu até pedi para a Rô ler prá mim. Mas acho assim, eu relatei mas levei a tarde inteira e isso não é viável. Não tenho tempo. Acho importante mas não tenho tempo.

O tempo gasto para realizar o registro — uma tarde inteira — foi o foco central da fala de Vera Helena e seu argumento contra sua viabilidade.

Diante de seus dizeres, muitos leitores familiarizados com a introdução de propostas de trabalho diferenciadas junto às professoras de 1º Grau, provavelmente resmungarão: "É sempre assim! As professoras nunca têm tempo para nada! Acham importante mas se recusam a fazer!"

No entanto, adianto, a leitura cuidadosa desses dizeres mostra que o obstáculo representado pelo tempo vem acompanhado de outras marcas, que evidenciam as condições sociais de produção em que o registro foi por ela experienciado.

O motivo que a levara a registrar seu trabalho em sala de aula fora a solicitação da coordenação da escola. A escola onde Vera Helena trabalhava, a exemplo de muitas outras, na tentativa de institucionalizá-lo, havia convertido o registro em mais uma tarefa a ser cumprida pelas professoras.

Afastado de suas inspirações iniciais de problematização e de possibilidade de reflexão sobre o próprio fazer, o registro, convertido em tarefa, tornava-se veículo da vontade do outro, saindo da esfera de decisão e de controle da professora — registrar o quê? registrar para quem? registrar para quê? Privado de sentido, faltava-lhe necessidade.

A falta de sentido e a falta de necessidade estavam marcadas no relato de Vera Helena. Respondendo a Maria Lúcia, ela descreveu um procedimento: referiu-se ao recurso de que se utilizou nas vezes em que fez o registro — a anotação de lembretes — sem mencionar os conteúdos que nele abordava, nem como o concebia. Ela também explicitou que a decisão em não continuá-lo decorrera do retorno dado, a ela, pela coordenadora.

O modo como a coordenadora comentara o registro apresentado, além de não responder às expectativas de Vera Helena, levou-a a perceber que o mais importante, na escola, não era "o como" e o "para quê" fazê-lo, e sim fazê-lo ("(...) ela fez um comentário superficial, elogiando o fato de eu ter feito o registro, mas não disse nada com relação ao que foi registrado"). Era, portanto, uma tarefa em si mesma. Mais do que a possibilidade de formação, representava uma possibilidade de controle e até de avaliação do trabalho docente, ou mesmo de controle da adesão/obediência das professoras à tarefa determinada pela coordenação.

Resistindo ao controle do seu trabalho, mesmo que não deliberada e explicitamente ("não achei que tenha valido a pena"), Vera Helena decidiu-se a deixar de realizar o registro. Resguardou a resistência com o argumento da falta de tempo. "Eu relatei" — disse ela, evidenciando que não se recusara a cumprir a tarefa. "Mas levei a tarde inteira e isso não é viável. Não tenho tempo. Acho importante mas não tenho tempo" — acrescentou, buscando um elemento aparentemente objetivo e mensurável ("a tarde inteira") para argumentar a inviabilidade da tarefa.

Invocar a perda de tempo, numa sociedade como a nossa que o considera como algo que pode ser medido por um sistema abstrato e autônomo e ao qual nossas atividades têm de se conformar, como lembra Thompson,[29] mostra-se uma estratégia procedente, no jogo institucional. Cobradas, tantas e tantas vezes, em nome de um tempo produtivo que deve ser "utilizado" sem desperdício (mais do que vivido), as professoras acabam por tomá-lo como argumento, ao resistirem a tarefas que lhes parecem privadas de sentido, evidenciando o quanto conhecem as regras da organização do trabalho em que estão inseridas.

No entanto, a relação de Vera Helena com a atividade do registro não se esgotara aí. Ela buscou indicadores da relevância e dos possíveis sentidos dessa atividade, fora dos marcos verticalistas de que se revestia sua solicitação na escola. "Eu até pedi para a Rô ler prá mim", contou ela em seu relato, evidenciando que compartilhara suas tentativas com alguém de fora da escola. Recorrera à pesquisadora, que também ocupava o lugar de professora e já vivia a prática do registro, pedindo-lhe que lesse e analisasse o que havia escrito. Esse pequeno detalhe indicava que ela resistira não à prática do registro em si, mas ao papel que ele desempenhava nas relações institucionais.

Diferentemente de Vera Helena, ao iniciar o registro sistemático do meu cotidiano na sala de aula, eu me orientara pelos objetivos iniciais que inspiravam essa prática. Eu não registrava para atender a uma solicitação da escola. Registrava tendo em vista o meu trabalho como professora e como pesquisadora. Era eu quem, do lugar social de professora-pesquisadora, que então assumia, definia o que registrar, como registrar e o destino do registro. Meus interlocutores estavam na universidade e eu mantinha com eles uma relação de aprendizado. Ainda que hierarquizada, minha relação com meus professores era bastante distinta da hierarquia existente entre coordenadora pedagógica e professora, numa escola.

Os efeitos da profunda diferença entre as condições sociais de produção do registro, experimentadas por nós duas, ficaram materializados nos nossos modos contrapostos de significar essa atividade e de encarar o tempo gasto para realizá-la. Ao "tempo quantitativo" utilizado como argumento por Vera Helena, contrapunha-se o "tempo qualitativo" vivido por mim.[30]

Enquanto eu reconhecia que o registro demandava tempo, e via nisso um aprendizado, Vera Helena sentia-se perdendo tempo ao fazê-lo. Enquanto eu investia deliberadamente uma grande parcela de meu tempo em uma atividade significativa, porque relevante à consecução de meus objetivos como professora-pesquisadora, Vera Helena procurava vislumbrar algum sentido naquela tarefa que lhe era imposta pela escola. Enquanto para mim o registro caracterizava-se como um modo de agir sobre o meu próprio trabalho, para Vera Helena representava deixar-se habitar pelos interesses do outro.

O tempo, "essa substância da qual nós somos feitos", nas palavras de Borges, vivido e significado de modos distintos, numa tarefa, também vivida e significada em condições de produção distintas, singularizava-nos e singularizava-se em nós. Os espaços e os fios podem ser os mesmos, até os pontos e o jeito de pegar na agulha, o porquê do bordado faz diferença...

> A minha preocupação é a seguinte — retomava Maria Lúcia. Quando eu fazia estágio, eu anotava tudo nos mínimos detalhes. Quando eu chegava com a Rô, que tinha sido minha professora e naquela época me ajudava na monografia de conclusão de curso, ela lia e conseguia mostrar alguns dados que eram importantes,

> ou porque vinham se repetindo e mereciam atenção ou porque indicavam coisas interessantes para eu pesquisar. Ela relacionava meus registros com conceitos, questões e análises que eu havia lido.
>
> Aí é que está... Eu esperava alguma coisa assim da coordenação! E tinha muita baboseira. Assim, baboseira não é. Mas tinha dados que não eram significativos e outros ela ia conseguindo mostrar que eram. Um pouco a gente meio que aprende. Mas, e quando é com a gente, entendeu?... Eu não sei o que é relevante e o que não é. Por exemplo, eu volto numa pergunta que eu já fiz: anoto o que acontece na escola?

Ancorada, novamente, na sua experiência como estagiária, Maria Lúcia trazia para a discussão das concepções de registro em jogo, uma nova questão: a dos modos de observar o vivido e de analisá-lo.

Não se analisa o vivido sem referências, percebia ela. Não se analisa, não se interpreta o vivido sem um objetivo, sem um para quê, sem um para quem. Alguém interpreta mediado por vozes outras, múltiplas... As referências e os objetivos configuram-se nas relações sociais.

O vivido produz signos a serem interpretados e a interpretação implica a "memória de sentidos:"[31] "todo dizer se liga a uma memória."[32] Ou seja, o significado não está nos fatos, nas coisas em si. Também não está dado no sujeito. Como produção histórico-cultural, "os signos só podem aparecer em um terreno interindividual".[33] Criados por um grupo organizado no curso de suas relações sociais, eles significam "em relação a".

Os objetivos seguem o mesmo curso. Nascem das práticas sociais, das necessidades, finalidades e interesses que delas/nelas emergem e tornam-se parte de nós. Os objetivos não são neutros. Eles próprios são uma forma de interpretação, um modo de significar, marcados pelos interesses e relações de poder em jogo na trama social. Organizados e sistematizados em formulações que circulam e vão sendo assumidas como próprias pelas pessoas, eles também compõem a memória coletiva de sentidos em que vamos nos constituindo.

Numa sociedade onde a memória coletiva é, como analisa Eni Orlandi, gerida por relações de poder que dividem o trabalho da interpretação pelos diferentes lugares sociais ocupados pelos sujeitos, "os sentidos não estão soltos, eles são administrados."[34]

O acesso aos diferentes modos de interpretação pressupõe uma iniciação. "Alguém só se torna marceneiro tornando-se sensível aos signos da madeira, e médico tornando-se sensível aos signos da doença",[35] sugere Deleuze. Tornar-se sensível aos signos é adentrar a memória de sentidos, iniciar-se nos processos de decifração produzidos pelo homem. "Todo ato de aprender é uma interpretação de signos".[36] Do mesmo modo que ensinar (*in signare*), em sua origem, significa imprimir signos.

A administração dos sentidos determina modos distintos de participação. Alguns "estão autorizados a ler, a falar e a escrever (os que são intérpretes e autores com obra própria)."[37] Outros "fazem os gestos repetidos que impõem aos sujeitos seu apagamento atrás da instituição",[38] "decalca[m] riscos de outrem na tela virgem ou preenche[m] os espaços já riscados..."[39]

Assim, a exterioridade das condições sociais imediatas e específicas dos processos de produção dos sentidos é constitutiva dos modos distintos de interpretação que vivenciamos. Elas também determinam o contexto apreciativo e o lugar a partir de onde os signos do vivido são apreendidos pelos sujeitos. Dentro dessas condições, entre os fios e os meandros do bordado, a singularidade de cada um de nós emerge, imprimindo modulações e entoações distintas às interpretações que nos são possíveis.

Podemos então dizer, com Eni, que interpretar o vivido é "um trabalho do sentido sobre o sentido",[40] que não se dá no vazio. Ele é mediado pela história, mediado pela ideologia. Nessa trama complexa de multideterminações, que se concentra e se espraia na tensão do movimento constante e simultâneo de aceitação/contestação, confirmação/negação dos sentidos estabilizados e emergentes, constituímo-nos como profissionais e como sujeitos. (Tecer não é um ato inocente. Que o diga Penélope! É drama/trama!)

Dessa complexidade aproximavam-se as inquietações de Maria Lúcia, evidenciando que a prática do registro não funde apenas funções sociais distintas — a de observador e a de ator — numa única pessoa, mas também torna explícito o trabalho constante de interpretação, que vivemos a realizar, mesmo sem o saber. De que lugar social interpretamos o vivido e como?

Maria Lúcia, referindo-se ao seu processo de formação, mesmo que não intencional e conscientemente, tocou na "divisão social do trabalho de interpretação".

Como aluna, ela procurara interpretar o trabalho do outro para aprender com ele, realizando a decifração dos dados observados junto com sua professora. Mediada pela professora, ela aprendera a olhar para os elementos do vivido, a ler neles indícios e pistas de possíveis sentidos e significados à luz de objetivos e de referências teóricas explícitas, acercando-se do movimento da interpretação, reconhecendo-o e compreendendo alguns de seus aspectos.

Como professora já formada e em atuação, ela percebia que esse aprendizado ainda não estava consolidado e que ainda não conseguia realizar sozinha a interpretação de seu próprio trabalho. As diferenças entre ler, falar e escrever sobre o outro e analisar sua própria atividade, bem como a necessidade de consolidar modos de interpretar emergentes, explicitavam-se. A quem recorrer?

Quem, na escola, acompanha as buscas das professoras? Quem escuta delas o relato de suas dúvidas e a tomada de consciência de seu não-saber, assumindo a continuidade do seu processo de formação pelo/no trabalho? Quem discute e faz com elas a análise do seu próprio trabalho, mediatizando o desenvolvimento profissional emergente, procurando fazê-lo avançar e consolidar-se?

Como responder a essas indagações, quando nas escolas (pre)domina a suposição de que quem não sabe alguma coisa e está ali para aprender são apenas os alunos?

As escolas não costumam funcionar como um lugar de aprendizado pelo trabalho — elas nasceram em oposição a ele, como evidencia a própria origem da palavra *schole* — ócio. Como instituição, a escola ocupa um lugar específico na divisão social do trabalho da interpretação. Cabe-lhe administrar um modo de circulação (utilizando-se de textos falados ou escritos) e de estabilização de algumas formas de interpretação do processo de produção do conhecimento, sobre outras.

Nesse contexto, ao papel social de professor, e em especial às professoras da escola fundamental, compete muito mais garantir a repetição daquelas formas de interpretação especificamente escolares do que participar de sua elaboração. Assim, a expectativa institucional em relação a elas é a de que cheguem prontas para o cumprimento de sua tarefa, ou seja, que se revelem aptas a dar conta do ritual da sala de aula e que implementem adequadamente o ofício que aprenderam como alunas.

As possibilidades de estudar, de pesquisar e de discutir os alcances e limites de seu próprio trabalho, contemplando-o e compreendendo-o no próprio movimento de sua constituição, tal qual reivindicado por Maria Lúcia, são coisa rara ou até impensável! Quando muito, trocas de experiência na própria escola ou cursos de reciclagem e de capacitação, geralmente realizados fora da escola, oferecidos para um grande número de docentes e conduzidos por profissionais estranhos ao seu cotidiano e a suas indagações. Como os responsáveis pelas reciclagens costumam vir de outras redes ou de outros níveis de ensino — em especial da Universidade, ainda que sejam professores, permanecem estranhos às particularidades das experiências vividas cotidianamente nas diferentes escolas. Assim, apesar de bem intencionada, também contribuímos para a manutenção da divisão do trabalho intelectual na escola! Portanto, "a falta de consciência" não é privilégio das professoras da escola fundamental, como costuma-se sugerir!

Contraditoriamente, no entanto, por entre os obstáculos, o aprendizado, constitutivo da nossa relação com os signos, está sempre presente no processo imediato de trabalho, mediando nossa formação profissional, tanto em termos do conteúdo das atividades a serem por nós desenvolvidas (o que cabe à professora fazer), das formas e normas (o como fazer) de que se reveste nossa função, quanto de aspectos não previstos nem nos manuais didáticos, nem nas leis que regulamentam nosso fazer. Aprendizagem "contínua e não gradual, [que] abre veios na sensibilidade e na memória",[41] mas não é reconhecida na escola.

Seu não reconhecimento, dentro da escola, favorece formas de funcionamento aparente, que silenciam a explicitação e a discussão das questões e dificuldades enfrentadas pelas professoras, obstaculizam a discussão das diferenças e o aprendizado entre elas, retardando seu próprio processo de qualificação profissional e desenvolvimento pessoal. Em outras palavras, embora o aprendizado pelo trabalho na escola se realize e seja fundamental à constituição do nosso "ser profissional", isso acontece silenciosa e silenciadamente, numa clandestinidade imposta pela própria organização do trabalho, que não só dificulta a elaboração histórica dos sentidos do nosso fazer, como repercute nas relações entre pares. Vivenciadas no isolamento e na solidão, as frustrações e ansiedades, decorrentes das dificuldades encontradas no trabalho, aumentam, resultando nos sentimentos de despersonalização, de paralisia da imaginação e de regressão intelectual, sentidos por muitas de nós.⁴²

No entanto, o silenciado, como aponta Eni Orlandi, "tem uma materialidade histórica presente nos processos de significação, de forma que na reprodução já há não reprodução, na interdição dos sentidos, já estão sentidos outros."⁴³

Contraditório. Ao mesmo tempo em que vivemos, pelo silenciamento imposto, o sentimento de despersonalização, reprodutor da organização do trabalho em nós, reconhecemos e elaboramos nossas necessidades (não-reprodução) e conseguimos definir o tipo de trabalho de apoio de que necessitamos: "aí é que está... Eu esperava alguma coisa assim da coordenação! Na medida em que não o encontramos nos modos como a escola funciona, colocamos sob desconfiança os serviços que ela nos oferece (coordenação pedagógica, cursos de capacitação etc.) e respondemos a eles com o "nosso" silêncio. Mas ativo de uma resistência incômoda: "não falamos do lugar que se espera que falemos"⁴⁴ — e, então, nossos superiores e os cientistas da educação nos falam. Eles interpretam "nosso silêncio resistência" — resistência ao silêncio em que a organização do trabalho nos colocou — como alienação e despreparo. Espelho que detrai...

Nos dizeres de Maria Lúcia e no comentário de Vera Helena, indícios desse complexo e contraditório movimento se cruzam. O que nós, professores, esperamos da escola? Como a lemos? O anunciado silêncio da alienação é latente de respostas... O problema está em como chegar até elas...

> Malu, disse eu, com esse seu comentário sobre como selecionar o que registrar, acho que entendi aquela sua pergunta e seu espanto com relação a anotar, ou não, o que acontece na escola. Lembra que você me perguntou se eu registrava o que acontecia na escola?
> — Sim. Registra o que interfere na sala de aula?
> O que acontece na escola interfere na sala de aula, interfere no seu fazer, interfere nas crianças... Interfere sempre, Malu. A especificidade da escola onde você trabalha, vai se revelando nos seus relatos, vai aparecendo entremeada a sua prática, porque faz parte das condições em que ela ocorre. Vai aparecendo nos modos de participação das crianças, porque essa especificidade também as vai constituindo. A escola, Malu, está nessa ausência de interlocução, de formação no trabalho, que você e a Lê reivindicam...

As condições sociais de produção de nossa relação com o trabalho ganhavam destaque na reflexão. "A situação social mais imediata e o meio social mais amplo determinam completamente e, por assim dizer, a partir do seu próprio interior, a estrutura da enunciação."[45]

O lugar que ocupamos dentro do grupo de professoras da escola, as atividades que propomos às crianças com quem interagimos, as práticas de controle sobre o nosso trabalho, as práticas de controle sobre os comportamentos das crianças, as rotinas e rituais escolares estão presentes no nosso registro, falam do que acontece na escola, ainda que disso não nos demos conta. Eles não só nos remetem aos elementos em jogo na situação e a seus participantes mais imediatos, como "dão forma à enunciação, impondo-lhe esta ressonância em vez daquela."[46]

As atividades que propomos às crianças, os modos de controlar seus comportamentos, por exemplo, são extraídos de "um estoque social" (expressão utilizada por Bakhtin)[47] de práticas disponíveis. Cada uma dessas práticas, por sua vez, deita raízes na história. São parte de um mundo que se organizou sem nós e que foi se tornando anônimo, familiar, natural. Tornou-se nosso, nele nos reconhecemos. Daí a dificuldade de apreendermos seu funcionamento e sua presença em nossos gestos e dizeres.

Podemos traçar os efeitos produzidos pela situação e seus participantes imediatos na enunciação, voltando aos dizeres iniciais de Vera Helena diante do registro, por exemplo. A condição de ter que realizar o registro-tarefa a pedido de um interlocutor que ocupava um lugar superior ao dela na hierarquia institucional, ressoa claramente no modo contido, desconfiado e descontente com que se referiu a suas tentativas de realizá-lo, até decidir-se a deixar de faze-lo.

As condições sociais em que produzi meu registro, distintas das de Vera Helena, também estão marcadas nos meus dizeres, imprimindo-lhe nuances de entusiasmo e confiança, que foram buscados e construídos numa outra instância de relação com a escola — a professora-pesquisadora, legitimada pelo aval da Academia.

Um exemplo da presença dos determinantes "mais substanciais e duráveis a que está submetido o locutor",[48] como diz Bakhtin, aparece em todos os nossos dizeres. Ao nos referirmos ao registro, falamos como professoras de um lugar específico na divisão do trabalho, que nos possibilita e legitima o acesso a algumas formas de interpretação e não a outras. Foi desse lugar de professora familiarizada com o registro e com as condições adversas a sua realização, que Maria do Carmo retomou as indagações de Maria Lúcia, meus comentários e os de Vera Helena.

> Eu também passei por isso, quer dizer, eu estou passando por isso, pela mesma solidão" — ela disse.
> Eu aprendi a registrar na faculdade e faço o registro até hoje porque quero. Eu sempre começo anotando o número de crianças que vieram à escola, o estado emocional delas, como elas estavam, as atividades que eu trabalhei e como as crianças se comportaram em relação a elas. Sempre assim, tentando enfocar o resultado do meu trabalho na fala das crianças. Coloco até entre aspas o que elas falaram. E analiso muito. Vejo o que eu fiz de certo e de errado e escrevo. Tem muita opinião minha ali.

A referência à solidão, com que abriu seu enunciado, instaurou a relação de aproximação com os dizeres de suas interlocutoras. "Eu 'também' passei por isso... eu [também] estou passando por isso, pela 'mesma' solidão. Foi no quadro dessa solidão persistente ("passei, estou passando"), apontada por Maria do Carmo como uma marca comum ao nosso grupo, que ela situou sua relação com a atividade do registro: uma atividade aprendida durante o período de formação e mantida por iniciativa sua.

Ao descrever seu procedimento de registro, ela destacou como foco privilegiado os alunos, especificando, em seguida, sob que aspectos essa centralidade se definia: "tentando enfocar o resultado do meu trabalho na fala das crianças."

Pelo registro, Maria do Carmo avaliava o seu trabalho. Tal qual o médico que aprende a identificar indícios para elaborar um diagnóstico, Maria do Carmo aprendeu a ouvir as crianças — "Coloco até entre aspas o que elas falaram"— e a buscar em seus dizeres indicadores dos efeitos produzidos por seu trabalho, para, avaliando-o em termos de acertos e erros, avaliar-se como professora.

No entanto, diferentemente do diagnóstico médico que opera com base numa sintomatologia explicitada e documentada, Maria do Carmo não nos revelou as referências de que lançava mão para identificar, na fala das crianças, o que seriam os resultados de seu trabalho, nem definiu os critérios com base nos quais avaliava aqueles resultados como adequados ou não. De que lugar ela recortava seus indicadores e os significava?

"Tem muita opinião minha ali", apontava ela, indicando-nos o lugar que assumia na análise de seu trabalho. Lugar ambíguo, quando analisado à luz dos efeitos de sentido produzidos pelo encontro do possessivo "minha" com a palavra "opinião".

Pelo pronome possessivo utilizado, Maria do Carmo colocava-se na origem da seleção e interpretação que fazia dos dizeres das crianças, mascarando a exterioridade, a historicidade dos recortes por ela privilegiados e dos sentidos interpretados.

Por sua vez, o conceito de opinião, freqüentemente contraposto ao de conhecimento, remetia seu dizer à exterioridade da divisão social do trabalho de interpretação. Referindo-se ao "senso comum" em oposição à reflexão, à prática em oposição à teoria, a palavra opinião circunscreve um lugar habitualmente atribuído a nós, professores, no trabalho de interpretação: o lugar de opinião é o lugar do professor, que, como outros trabalhadores e profissionais mais afeitos à prática, "não produz" conhecimento, "não é um intelectual" e "nem precisa saber muito".

Desse lugar de opinião marcado em seu enunciado, a professora ecoava, sem dar-se conta de que o fazia, vozes "alheias", que falando sobre nosso fazer e nossos saberes, a partir da divisão social do trabalho de interpretação, incluíam-nos no papel de "não intelectual". Papel esse, assumido pela professora, que apesar de resistir pelo registro a aspectos da organização do trabalho docente, reproduzia em si mesma, pelo mesmo registro, a divisão social do trabalho de interpretação.

Esse jogo de sentidos evidencia como a constituição, em nós, do "ser profissional" e a "consciência" que dele vamos produzindo, processam-se contraditoriamente. Maria do Carmo vive, no registro, tanto a resistência ao lugar social de professora tal qual definido pela organização do trabalho docente, quanto a reprodução desse mesmo lugar.

Novo desdobramento — resistência e reprodução — trazendo para a discussão do registro outras possibilidades de significação.

No processo da interlocução, as indagações com relação aos modos de proceder ao registro, que haviam sido seu disparador, estavam sendo gradativamente deslocadas do centro da discussão.

Cada uma de nós, ao buscar responder à questão do "como registrar", acabou tematizando, ainda que indiretamente, as concepções em que nossos modos de proceder ao registro estavam ancorados, dando lugar à manifestação de distintas possibilidades de significá-lo.

O registro no singular, possível no início da conversa, começava a se multiplicar — possibilidade de aproximação e de compreensão do próprio fazer e possibilidade de avaliação do próprio trabalho; possibilidade do exercício intelectual de análise e possibilidade de reconhecimento no trabalho, espaço de resistência e espaço de reprodução. Concepções não excludentes, mas de abrangência distintas, apoiadas em referências e objetivos distintos e não isentas ideologicamente. Cada uma delas, a seu modo, trazia para a esfera de ação e de decisão do professor, aspectos de sua atividade (a concepção intelectual do trabalho, a análise de seus resultados, a avaliação de seus resultados) que a organização do trabalho procurava (e procura) retirar-nos.

Nesse percurso de multiplicação dos sentidos da atividade do registro, as possibilidades, nele contidas, de resistência, de conquista do próprio trabalho e de inclusão no nosso fazer profissional foram se esboçando e começaram a ser comentadas.

— Ai, Maria do Carmo, eu já estou sentindo um complexo de culpa danado de não estar registrando..., comentou Vera Helena.

— Eu também parei no meio, Vera... Escrevo quando posso, quando me sobra um tempo.

— Tenho... Porque eu estou vendo assim, que o que a gente faz vai se perdendo..., continuou Vera.

— É um trabalho, viu Malu, um trabalho..., acrescentou Maria do Carmo.

—... porque as coisas vão se perdendo pelo caminho e você vai deixando de aproveitar um monte de coisa boa, de rever um monte de coisa, continuava Vera.

— É mesmo... Mas como fazer? Como continuar fazendo? – indagava Maria Lúcia.

De sua afirmada impossibilidade de realizar os registros (eu não tenho tempo), Vera Helena passava ao sentimento de frustração e de perda por não fazê-los.

Na tentativa de explicar esse sentimento, ela explicitou para si e para nós, suas interlocutoras, a re-significação que começava a fazer da atividade do registro. Re-significação que vinha buscando e que as questões de Maria Lúcia e o relato de Maria do Carmo mediaram. O registro, percebia ela, podia ser "memória" (...as coisas vão se perdendo pelo caminho), podia ser momento de "avaliação", mas também de "elaboração" e de "modificação" da organização do próprio trabalho: tanto em termos *da* reafirmação do feito — você vai deixando de aproveitar um monte de coisa boa — quanto em termos de seu redimensionamento — você vai deixando de rever um monte de coisa."

Como memória e elaboração, o registro ganhava sentido. Deixava de ser tarefa instituída e controlada pela escola para se tornar uma forma de "relatar para si própria": "ler seus próprios apontamentos, escrever para si próprio significa relatar para si próprio como para o outro."[49] Aí estava a chave da re-significação elaborada por Vera Helena: relatar para si própria era uma forma de trazer para sua esfera de significação e de controle uma atividade imposta pela organização do trabalho. Era uma forma de incluir-se na relação de trabalho e de conquistar seu próprio trabalho.

"Evidentemente", escreve Vygotsky, "a transição do exterior para o interior transforma o processo."[50] O registro, como atividade para si, convertia-se em "atividade voluntária". Na atividade voluntária, o controle *sobre* o comportamento do outro e o controle do próprio comportamento *pelo* outro, vivido nas relações sociais, é internalizado e transferido para o próprio indivíduo, que controla, regula, comanda seu comportamento."Homo duplex: (...) um lado controla, o outro é controlado. "Nova divisão em dois daquilo que havia se fundido em um..."[51]

Re-significado como atividade para si, o registro aproximava-se da narrativa e assemelhava-nos do modo de ser do artesão. Nas sociedades pré-industriais, o artesão acumulava a experiência aproximando seu desempenho da perfeição. Era o mestre de ofício que, dominando seu fazer, porque sabia como devia praticá-lo e para o que ele servia, burilava-o e burilava-se sem pressa. Nessas sociedades de tradição oral, a experiência era transmitida pelos gestos do fazer junto e pela arte da narrativa. O narrador, artesão da palavra, tirando o que narrava da própria experiência, transformava-a em experiência dos que o escutavam.

A comunicabilidade da experiência pelo gesto e pela narrativa foi substituída, em nossa sociedade, pela informação e pela repetição de gestos (para a professora o repetir-se infindável a cada ano, das mesmas aulas, dos mesmos livros, das mesmas provas, das mesmas tarefas...), que não permitem o aperfeiçoamento, apenas o cumprimento do tempo, sem atrasos, sem perdas (cumprir os ciclos de ensinar/avaliar/fechar médias, conteúdo em dia, bimestre a bimestre).

O registro como relato para si re-significa a comunicabilidade da experiência: preserva nossa memória profissional, nossos modos de constituição no cotidiano e nossa produção nesse cotidiano.

O registro, como relato para si, não cabe no tempo abstrato de trabalho. No registro a gente retoma o tempo. Reflete sobre a matéria da experiência; esforça-se por compreender os sentidos do vivido; re-faz o feito. O registro não é a mera repetição do feito, ele próprio é "um trabalho", como destacou Maria do Carmo. Trabalho de elaboração, pela palavra, de um tempo já trabalhado. Trabalho que transforma o passado, que poderia ter desaparecido no esquecimento, em presença no presente. Trabalho que transforma o presente, prefigurado no passado, revelando-o como a realização possível de promessas anteriores, que também podem se perder se não as descobrirmos inscritas nas linhas do atual.[52] Trabalho que demanda esforço e envolve aprendizado.

Os dizeres de Vera Helena, por sua vez, também ecoaram em Maria do Carmo. Ela foi entrando nas falas de Vera Helena, interrompendo-as ou superpondo-se a elas para, num movimento inverso ao de sua interlocutora, retomar aqueles argumentos iniciais que haviam sido por ela assumidos. Então, era Maria do Carmo quem reconhecia a dificuldade de tempo como um dado real, que obstaculizava a manutenção do registro: "eu também parei no meio, Vera... Escrevo quando posso, quando me sobra um tempo."

Os dizeres de uma e de outra, em contraponto, falam-nos do drama experimentado diante de modos conflitantes de viver a condição profissional e de se perceber como sujeitos na trama das relações de uma sociedade pragmática que, desvalorizando todo trabalhador, empurra-nos na direção da sobrevivência sem projeto. "Na época da informação", ressalta Ecléa Bosi, "a busca da sabedoria perde as forças, foi substituída pela opinião. Por que despregar com esforço [e tempo] a verdade das coisas, se tudo é relativo e cada um fica com sua opinião?"[53]

Da alternância entre os dizeres de Vera Helena e de Maria do Carmo, o registro, como relato para si, emergia, mais uma vez, como resistência frágil, sutil, contraditória e fugaz à degradação da pessoa que trabalha. A angústia diante da sua fugacidade ecoava na pergunta de Maria Lúcia: "Como fazer? Como continuar fazendo?"

— Vamos voltar a algumas de suas perguntas, Malu. No começo da nossa conversa você perguntava: o que eu registro? como eu seleciono?
Com que objetivo você quer fazer esse registro? Para quem você quer fazer esse registro? — pergunto eu, agora. Acho que essa é uma coisa importante para ajudar a gente a pensar, como vocês acabaram de ponderar em tudo o que disseram.

— Eu tenho dois objetivos. Primeiro rever a minha prática e segundo, tentar pegar um gancho, apurar uma questão, e tentar montar um projeto de pesquisa, um projeto para continuar estudando, fazer mestrado, alguma coisa nesse sentido...

— Eu já tenho outro: acho que replanejar prá mim, importante. Acabei vendo isso na fala da Maria do Carmo.

— Acho que rever... Me rever enquanto professora.

— Todas vocês falaram em rever, replanejar. Você, Malu, especificou a necessidade de apurar questões para continuar estudando. Apurar questões e estudá-las também implica re-tomar, re-fazer um percurso, ainda que num sentido distinto do replanejar e do rever...
O que significa esse "re", que a gente tanto usa? Ele remete à idéia de voltar a alguma coisa, fazer de novo: voltar a ver, voltar a fazer, voltar a planejar, ver de novo, fazer de novo, planejar de novo.

Ao definirem os objetivos do registro, todas o focalizaram como atividade com significado e relevância para o seu fazer como professoras e como pessoas, e não como tarefa para o outro.

Enquanto estudar e pesquisar são modos de significar a prática através da análise deliberada, dizendo respeito a um trabalho de interpretação reconhecido e legitimado, que se inscreve e ancora-se nos sistemas ideológicos constituídos da ciência; rever a prática, replanejar o próprio trabalho, rever-se como professora são enunciados ligados ao nosso fazer imediato, ao nosso cotidiano de trabalho.

Como modos distintos de interpretação, diferentemente legitimados pela divisão social do trabalho, estudar/pesquisar e rever/rever-se/replanejar intercomplementam-se na contradição: um ponto puxa o outro, bordando avesso e direito.

Estudar e pesquisar, como trabalhos interpretativos legitimados, requerem uma rigorosa iniciação nos modos de interpretar e no domínio das referências e podem ser conduzidos sem que aquele que os realiza esteja, ele próprio, envolvido na atividade de trabalho que está sendo interpretada. Ou seja, comporta a condição de observador desvinculada da do protagonista. Opta-se ou não por ela.

Rever a prática, replanejar a organização do próprio fazer são modos de reflexão e de conhecimento que só se realizam no trabalho e pelo trabalho, fundindo observador e protagonista. São manifestações do exercício teimoso da interpretação, dentro de uma organização do trabalho que diminui, cada vez mais, a atividade intelectual do trabalhador, a possibilidade de expressão de seus desejos e de sua emoção na atividade que realiza, as escolhas e a margem deixada ao livre arranjo da tarefa por ele próprio, reduzindo-o a mero executante da vontade e dos projetos de um estranho. Como expressão da resistência, são mais difíceis de realizar e de manter. Também é mais difícil que sejam acolhidos e valorizados.

Inscritos na "ideologia do cotidiano" que, como define Bakhtin, "constitui o domínio da palavra interior e exterior... não fixada num sistema, que acompanha cada um de nossos atos ou gestos e cada um dos nossos estados de consciência",[54] o rever e o replanejar nem sempre especificam as referências em que o trabalho interpretativo, neles implicado, está apoiado. Embora estejam em relação constante com os sistemas ideológicos constituídos, essa relação nem sempre é visível para os próprios sujeitos da enunciação. Assim, ao registrarmos e analisarmos nosso fazer na sala de aula, ecoamos, como o fez Maria do Carmo, vozes dos sistemas ideológicos constituídos — princípios e valores organizados em teorias pedagógicas, psicológicas etc. — sem nos darmos conta de que o fazemos e de como o fazemos. Ecoamos essas vozes de maneiras diferenciadas — como aceitação, como resposta, como recusa, como confirmação, como apoio, como objeção — num movimento constante de discussão ideológica, que dá o tom aos nossos enunciados,[55] mesmo sem o sabermos.

Nessa relação dialógica constante com os sistemas ideológicos constituídos, o rever e o replanejar, a que nos propomos, favorecem tanto a reprodução (reafirmação, aceitação) daqueles valores e princípios organizados e dominantes, quanto sua não-reprodução (nas formas de recusa, de resistência a eles, de objeção, de re-significação). "Na reprodução já há não reprodução."[56] Até mesmo quando transformada em tarefa esvaziada de sentido no curso de sua infiltração progressiva na organização do trabalho, como o relato de Vera Helena evidenciou, a prática emergente do registro mantém a contradição fundante...

Além disso, uma vez realizado, o registro, como todo enunciado, passa por uma prova de expressão externa, suscitando reações e réplicas do nosso auditório social, tanto em termos de aceitação quanto de recusa. Pelos efeitos das reações e réplicas, ele acaba adquirindo, como diz Bakhtin, "polimento e lustro social",[57] ele acaba tendo evidenciadas, pelo outro, suas nuances, abrindo-nos a possibilidade de perceber, de reconhecer a discussão ideológica em que estamos inseridos e, até, de explicitar as vozes que nela ecoam.

No jogo ambíguo e sutil que se estabelece entre reprodução e não-reprodução, lugar onde se atualiza o conflito entre o trabalhador e o poder, encontramos elementos que nos ajudam a compreender a presença marcante do prefixo "re" nas nossas falas como professoras, para o qual chamara atenção em meu comentário.

No momento em que a experiência do trabalho destotaliza-se, cindida entre o pensar e o fazer, a ideologia do "re-fazer" formula a necessidade de "re"constitui-la. O prefixo "re" evocando a articulação entre o fazer e o pensar o feito, rompida pelas relações de trabalho capitalistas, remete a posturas desejáveis no plano das formulações teóricas de cunho crítico, acerca da conscientização, da participação, da resistência, presentes nas formulações iniciais da proposta de registro. É no quadro dessas formulações de não-reprodução, esboçadas na ideologia do re-fazer, que se explicitam a aceitabilidade e não-aceitabilidade de tais modos de referir-se ao registro, no contexto profissional das professoras — "o auditório social" de seus dizeres.

No "re-ver-se", no "re-planejar", estão embutidos nossos esforços de "encontrar uma explicação e um sentido para o vivido" e/ou de "compreender a que se destina nosso fazer", que deixam de ser dados implícita e imediatamente no contexto do nosso trabalho.

A explicação frente à compreensão, é menos abrangente. Ela tem como meta uma conclusão. A compreensão é a busca dos sentidos.

Vai além, porque mais do que uma conclusão, mantém a indagação acerca do humano em nós: "Existirmos — a que será que se destina?"[58]

O herói grego Aquiles não faria a si mesmo exatamente essas perguntas, alerta-nos Benjamin, porque sua necessidade surge no momento em que esse sentido e essa explicação se desprendem da experiência coletiva. No momento em que a tradição comum, deixando de ser compartilhada, já não nos oferece nenhuma base segura para nos reconhecermos, no momento em que o outro e sua experiência tornam-se estranhos a nós, no momento em que, habitados pelos pensamentos e projetos de um outro, tornamo-nos estranhos a nós mesmos, surge a necessidade de formulá-las:

— Como a gente vê de novo o que fez?
(Silêncio)
— Como a gente se vê no que fez?
(Silêncio)
— Quando a gente quer se ver, prá onde a gente olha?
(Silêncio)
— Prá gente mesmo...?
P'ro espelho?

De volta aos espelhos... Os antigos chineses achavam que o espelho era de grande ajuda no processo de autoconhecimento, na procura de si mesmo que o homem executa desde os primórdios da cultura. "Tirésias, contudo, já havia predito ao belo Narciso que ele viveria apenas enquanto a si mesmo não se visse..."[59]

Como a gente vê de novo o que fez? Como a gente se vê no que fez?

"Impossível relacionar-se diretamente consigo mesmo", alerta-nos Vygotsky. "Indiretamente é possível. Consequentemente, de início, um signo é colocado entre um objeto e um sujeito (...) Mais tarde, ele é colocado entre mim e minha memória."[60] Entre "o homem e seu cérebro", generaliza ele mais adiante, concluindo que "(a) sociogênese constitui a chave para um comportamento superior."

A prática do registro, como ação social sobre nós mesmas, nasce de nossas ações sobre o outro e das ações do outro sobre nós, de modo que cada momento que vivemos e revivemos é nosso e também alheio. A alteridade é constitutiva.

— Vocês têm espelho na sala de aula?
— Não.
— Como então a gente vai se enxergar?
— A gente tem os alunos. A gente olha pros alunos.
— É a criança...
— ... as reações delas...
— Na sala de aula não temos espelhos. Temos giz, agitação, dificuldades, perguntas e os olhos dos meninos, nos ensinando. Quando você era estagiária e observava a professora, Malu, você estava fora da situação e podia olhar para ela. Agora você é a professora, é parte da sala de aula, e entra ali com seus sentimentos de alegria e de tristeza, de competência e de incompetência, com suas frustrações, inseguranças, raivas, desconfianças, irritação, com seus saberes e com o que você ainda não sabe e, muitas vezes, nem sabe que não sabe. Tudo isso também faz parte da sala de aula e do ser professora. É difícil se ver desse jeito, dar conta de tudo o que a gente é. Onde é que nós, com nossas contradições, vamos aparecer? Nos nossos alunos, por mais que isso seja doloroso. Eles nos contam as professoras que estamos sendo.
— Hum... Que bonito! É mesmo... os olhos dos nossos alunos!

Apontar as crianças como mediadoras da apreensão, elaboração e julgamento do vivido pela professora, implica um modo de relação com o ensino, um modo de concebê-lo, que se enraiza no princípio da constituição mútua entre nós — professoras — e elas.

Nas relações sociais, destacam Vygotsky, Wallon e Bakhtin, os papéis sociais ocupados pelos indivíduos são intercomplementares. Dessa perspectiva, o trabalho pedagógico não é produzido única e exclusivamente pela professora que ensina, nem tampouco pela criança que aprende. O ensinar e o aprender são produzidos na relação entre alunos e professora. Um se constitui em relação ao outro. As palavras da professora se dirigem aos alunos, e é a ela, professora, que eles se dirigem, respondendo, perguntando, discordando, recusando-se...

Embora desempenhem papéis distintos, tanto a criança quanto a professora ensinam e aprendem,[61] numa relação de intercomplementaridade. Daí que o conhecimento e análise do próprio fazer, tanto da parte da professora quanto da parte do aluno, só se tornem possíveis pela mediação do seu parceiro social.

Mediar o conhecimento que o aluno vai formulando de si mesmo, não nos soa estranho, já que o estamos regularmente avaliando. Explicando-lhe as causas de seu sucesso, de seu fracasso. Concluindo por eles, concluindo com ele...

Soa novo, talvez, vermos nossas ações e palavras refletidas e refratadas nas réplicas das crianças. Réplicas feitas de gestos, palavras e ações, que se aproximam das nossas, aceitam-nas, interrogam-nas e também a elas se opõem. "Mas não foi isso que eu quis dizer?" — espantamo-nos diante de leituras inesperadas dos nossos gestos e dizeres.

Reflexão e refração. "O ser refletido no signo, não apenas nele se reflete, mas também 'se refrata'".[62] O confronto de interesses e lugares sociais, nos limites de um grupo que utiliza um único e mesmo código ideológico de comunicação, determina, segundo Bakhtin, nossa refração no signo ideológico. Uma mesma pessoa, um mesmo gesto, uma mesma palavra desdobradas — reflexo e refração — re-colocando-nos diante da ilusão de nossa unicidade e transparência, devolvendo-nos as indagações: "Eu, quem eu era? De que lado eu era?"

Ver-se no outro: movimento sutil, quase imperceptível, de reafirmação e de diluição do próprio reflexo..."Os sentidos não se fecham, não são evidentes, embora pareçam ser."[63]

> — Se o objetivo é que a gente se dê conta do próprio trabalho, eu acho importante que se registre a atividade que foi desenvolvida, como a Vera Helena já apontou no comecinho da nossa conversa. Bom... o que eu ofereci às crianças, que objetivos estavam implícitos na minha proposta?
>
> Também é importante registrar, como nos disse a Maria do Carmo, o que as crianças falaram, o que perguntaram, o que fizeram para resolver a atividade proposta.
>
> Mas, também como transcorreu a atividade; como as crianças elaboraram aqueles objetivos; como nós, professoras, participamos desse momento; como respondemos às crianças; que comentários conseguimos ouvir; com o que nos surpreendemos e porquê.
>
> — Não são pontos... murmurou Vera Helena. Foi isso o que faltou nos meus registros!
>
> — Eu concordo. Seus relatos, Vera, ficaram centrados no que você propôs às crianças.
>
> — No como fazer!

— Só que o que a gente planeja, vai se redimensionando no encontro com os alunos. E isso a gente só percebe ouvindo e prestando atenção na meninada.

Nós e as crianças em constituição recíproca na dinâmica interativa que se tece na sala de aula.

Movimento: "Os fios estão e não estão na[s] [nossas] mão[s], vêm e vão, fogem, refulgem, retornam e refogem."[64]

Mais do que linha, trama.

O que a gente planeja, vai se redimensionando no encontro com os alunos. "O que traça um lado sustenta o outro"[65]: E isso a gente só percebe ouvindo e prestando atenção na meninada. O esperado surpreendido pelo inesperado: possibilidade que até então não se conhecia. Mais do que avaliação (embora também passe por ela) — certo x errado, adequado x inadequado — possibilidades que não se excluem...Reflexos e refrações...

Antonieta, que chegara depois de iniciada a conversa e a quem havia sido resumido o que até ali tinha sido dito, comentou:

> — Isso acontece mesmo, Vera Helena.
>
> Lá na escola, este ano, tiramos o planejamento. Uma coisa que me deixa impressionada é a papelada que se junta e o professor não faz nada com aquilo. Decidimos que cada um registraria o conteúdo trabalhado no diário de classe. No início do ano, discutimos possíveis formas de trabalho e de avaliação. Essas discussões foram incorporadas ao Plano Escolar e passaram a servir de guia para o desenvolvimento do trabalho. Então combinamos que o desenvolvimento do trabalho seria documentado nos relatórios, registro como vocês estão chamando.
>
> Os primeiros ficam assim na base do descrever. A gente troca o planejamento por uma descrição daquilo que pretendia fazer. Então começamos a rever os relatórios, perguntando o que aconteceu na sala de aula, como as crianças participaram das atividades que cada professora propôs, exatamente como você comentou, Roseli. E aí a gente começa a se corrigir...
>
> — Mas já é um passo prá você perceber...
>
> É... eu comecei a ver como é rico o relatório para o trabalho da gente. Dá para refletir mesmo em cima do que a gente está fazendo. É difícil, dá trabalho, incomoda admitir que muita coisa não dá certo, que a gente não conseguiu o que queria. Mas, é por aí que a gente pára e reflete sobre o que está fazendo.
>
> — Conforme os resultados...

Aprendizado no tempo. Os modos de registrar, ouvir, prestar atenção, desconhecidos por nós no início, vão se modificando progressivamente, vacilantes na corrente do aprendizado.

O aprendizado pode acontecer também no espaço da escola, possibilitando-nos re-significar tarefas e rituais constitutivos da nossa relação com o trabalho.

Aprendizado não solitário. Em seu comentário, Antonieta passou de um "eu" genérico — a gente — para o "nós". Nós, em referência a outras professoras ("começamos a rever os relatórios"), nós em referência à mediação dos nossos alunos ("como as crianças participaram das atividades"). Reflexo e refração...

Um aprendizado como esse indaga pelos signos e sinais produzidos e em circulação na sala de aula. Aprendizado lento e obscuro da interpretação desses signos: o que podem significar? O que podem nos dizer e ensinar?

— Conforme os resultados..., repetiu Vera Helena.

— Não acho que é tanto nos resultados, Lê! Também acho que é mais do que o certo ou errado, Maria do Carmo.

— Sei...

(Pausa)

— É pensar, né!?...

(Pausa)

— O que eu quis dizer com certo e errado, observou, Maria do Carmo é que às vezes a gente faz com as crianças algumas atividades achando que são simples, corriqueiras, como aquele exemplo do dobro, que a gente discutiu outro dia, e, de repente, esbarra... Então o que aconteceu? Onde esbarrou? Registra. Porque aí você tem condições de replanejar.

— Sim, é isso "também" disse eu, enfatizando a última palavra. O resultado fica documentado na produção das crianças, que a gente acaba lendo e analisando, corrigindo, avaliando e tomando como referência para re-encaminhar o trabalho pedagógico.

— Mas eu vejo que uma grande diferença se estabelece a partir do planejamento que era feito em cima do fazer do professor e do relatório que é feito em cima do fazer do aluno, destacou, Antonieta. Tem uma professora, em particular, que está trabalhando com as crianças de uma segunda série a história da escola a partir da história oral. As crianças estão fazendo entrevistas, coletando relatos e registrando tudo isso. Eu estou encantada com o quanto ela está aprendendo com esse trabalho. No planejamento dela, ela só escrevia aquilo que estava pensando em fazer: eu vou fazer entrevistas, vou fazer isso, vou fazer aquilo, ia descrevendo. Ficava uma lista dura e fria de atividades. O relatório não. O relatório tem vida. Ela faz os relatórios com extremo cuidado, procurando falar da reação do aluno. Então, pela reação do aluno, pelo que ele fala dentro da sala de aula, ela tece suas apreciações, inclusive se criticando. "Ah! eu perdi a oportunidade, eu poderia ter falado isso, eu poderia ter aproveitado esse momento melhor. A oportunidade apareceu e eu perdi...." Então, quando você vai fazer o registro é muito legal, porque você vê o aluno, como ele está reagindo àquilo que você está pensando em desenvolver na sala de aula. Você muda de posição, entendeu? É tão bonito!

— Na hora do registro a gente se vê!

— É certo que nós nos avaliamos, como vocês estão apontando. A gente passa a conhecer melhor a si mesma e aos alunos, se aproxima deles, se compromete mais com eles. Mas eu discordo com você, quando enfatiza o registro como um relato em cima do fazer do aluno, Antonieta. Eu vejo o registro como o relato da relação de ensino — nós professoras em relação com nossos alunos. Eles, nossos alunos, em relação conosco e com seus pares.

Eu estou pensando também numa dimensão mais abrangente que a da avaliação. O registro como momento de elaboração de conhecimento sobre o trabalho da sala de aula. No momento em que a gente está na sala de aula com as crianças, são muitas as oportunidades que temos para acompanhar o processo de elaboração delas, os caminhos por onde elas, e nós também estamos indo, e intervir, fazer junto. Através das perguntas, dos comentários, das ajudas que trocam entre si, das caras de medo, de susto, de alegria, de decepção, das brincadeiras, do choro, a gente vai agindo com elas, vai elaborando a relação de ensino na própria sala de aula, vai elaborando e apurando a professora que a gente está sendo, em nossas respostas, nossas surpresas, nossa irritação... Elaboramos um conhecimento, mediadas pelos alunos, e com eles, sobre esse espaço, sobre o nosso fazer.

— É o processo mesmo...

Produto e processo. Avaliação e conhecimento.

O caráter avaliativo, destacado por Maria do Carmo em um outro momento da interlocução, reaparecia na voz de Vera Helena ("Conforme os 'resultados'"), na réplica da própria Maria do Carmo, na voz da professora citada por Antonieta e no meu comentário.

Resultados, reações... O que é um resultado? "Ninguém pode dizer o que seja, em 'ciências humanas', 'um resultado'" — alerta-nos

Roland Barthes.⁶⁶ Como se define o que se toma como um resultado ou não? O que se encontra/o que se quer encontrar? Reações de que ordem? "Quem garante que a história foi como está bordada?"⁶⁷

Podemos buscar na dinâmica interativa a configuração das relações vividas, como passado, atendo-nos aos comportamentos que foram manifestados por nós e pelas crianças — nossas respostas, nossas reações. Ao fazê-lo, estancamos seu movimento, analisando-a como algo já concluído (o que foi). Refletimos sobre o que foi, com ele aprendemos e revemos os encaminhamentos futuros de nosso trabalho, criticamo-nos, mas nos privamos da aproximação do movimento em que as relações vividas foram se produzindo e em que fomos nos produzindo, ficando à mercê das aparências externas, imediatas, num mundo em que se sabe que "as aparências enganam".

"Cada uma de nossas impressões", assinala Deleuze citando Proust,

> tem dois lados: 'Envolta uma parte pelo objeto, prolongada em nós a outra, só de nós conhecida.' Cada signo tem duas metades: designa um objeto e significa alguma coisa diferente. O lado objetivo é o lado do prazer, do gozo imediato, da prática: enveredando por este caminho, já sacrificamos o lado da 'verdade'. Reconhecemos as coisas sem jamais as conhecermos. Confundimos o significado do signo com o ser ou o objeto que ele designa. Passamos ao largo dos mais belos encontros, nos esquivando dos imperativos que deles emanam: ao aprofundamento dos encontros, preferimos a facilidade das recognições e assim experimentamos o prazer de uma impressão...⁶⁸

Falando do lugar da psicologia, para nos voltarmos a uma ciência que se propôs a estudar o comportamento humano, e fazendo uma crítica teórico-metodológica a diversas de suas correntes, Vygotsky apontou também os limites das aparências e impressões, destacando que

> embora dois tipos de atividades possam ter a mesma manifestação externa, a sua natureza pode diferir profundamente, seja quanto a sua origem ou a sua essência (...) há diferenças internas escondidas pelas similaridades externas. A tarefa da análise é revelar essas relações.⁶⁹

Podemos buscar na dinâmica interativa, e isso acontece freqüentemente entre nós professoras, aqueles comportamentos e aquelas reações que consideramos esperados por terem se naturalizado aos nossos olhos. Repetidos de geração a geração, esses comportamentos, automatizados, ou "fossilizados", como os denomina Vygotsky, têm seu desenvolvimento histórico e suas origens esmaecidos. Parecem ter estado sempre em nós, repetirem-se sempre de um mesmo e único modo e significarem uma só e mesma coisa. Esperados, esses resultados obscurecem a dinâmica interativa, já que o que nos interessa não são as relações que estão se produzindo, mas as que idealizamos.

Privilegiar o processo implica um outro modo de olhar para o vivido. Implica não estancar o movimento das possibilidades de sentidos em jogo. Nos encontros e afastamentos que se vão estabelecendo entre os participantes da relação de ensino, em seus esforços para significar as situações com/em que se defrontam, na diversidade de modos como buscam organizar seu próprio comportamento nessas situações, os sentidos não só se repetem, eles podem vir a ser outros. Resultados aparentemente iguais têm origens e histórias distintas, produzidas em relações e condições bastante diversas: não são, portanto, uma única e mesma resposta, comportamento ou reação. Nesse caso, a dinâmica interativa é focalizada no seu "em se fazendo". É trama em movimento, em desenvolvimento, que articula múltiplas determinações e relações. Estamos dentro dela. Nossos movimentos, gestos e dizeres repercutem em sua configuração, assim como os movimentos gestos e dizeres de cada um e de todos os alunos. É processo, está sendo: "o passado e o presente se fundem e o presente é visto à luz da história".[470] Não observamos e analisamos para mudar depois. Elaboramos um conhecimento, mediadas pelos alunos, e com eles, sobre esse espaço, sobre o nosso fazer, jogando com as condições imediatas, experimentando-nos nas possibilidades. "é somente em movimento que um corpo mostra o que é".[71]

O registro, como momento de elaboração do conhecimento das relações de ensino em movimento, é uma possibilidade presente em nossa atividade, que comporta e supera a avaliação. Mais do que chegar a resultados e explicações, a elaboração do conhecimento do nosso trabalho nos educa. Burilamo-nos, no fazer e pelo fazer, como o artesão, aprendendo para que e para quem o nosso ofício existe e como realizá-lo, nas suas nuances, possibilidades e limites. "É o processo mesmo..." Para apreendê-lo, no entanto, não basta priorizar a dinâmica interativa, porque os modos de focalizá-la também variam e podemos estancá-la.

> Ouvindo vocês eu estava pensando, disse Maria Lúcia. Vocês falaram muito dessa relação com a criança, com o aluno. Eu, enquanto professora, eu geralmente percebo, assim, que às vezes você está tão empenhada, você quer ensinar uma coisa, você planeja, você sabe o que quer daquela aula... Então, eu às vezes percebo que eu estou tão voltada para não me perder do meu objetivo que eu acabo esquecendo um pouco a criança. Isso acontece mesmo! E às vezes eu percebo que eu estou tão ligada na criança que na hora eu falo: eu não devia ter feito isso. Então eu acho que eu ainda não tenho o exercício de juntar as duas coisas. Ou eu estou voltada para a criança, ou eu estou voltada para o que eu quero fazer. Sabe quando você está com tudo isso na cabeça?! Eu sei que eu estou fazendo já alguma coisa errada, eu sei que eu estou deixando de fazer coisas importantes. Então é complicado porque eu tenho que anotar o que eu percebo na hora, né. Então, por isso é que eu falo, eu tenho que selecionar. Anotar as coisas que eu percebo na hora, o que eu deixei de fazer, o que eu percebi nas crianças... desse jeito eu viro uma escritora!

No curso da interlocução, pela voz do outro, e não pelo espelho, Maria Lúcia vislumbrou a professora que vinha tecendo. Sobressaltada, viu em questão os modos como ocupava, significava e vivia o lugar de professora na sala de aula.

No esforço em dar conta da "tarefa de ensinar", instituída pela escola, Maria Lúcia percebia-se monopolizando o espaço e perdendo de vista elementos fundamentais no processo de convivência de relação com os alunos, constitutivos da "relação de ensino" produzida na dinâmica interativa.[72] Ao mesmo tempo, no avesso desses pontos, via-se voltada, em muitos momentos, tão totalmente para a criança, perdendo de vista o que planejara fazer.

Modos distintos de apresentar-se como professora confluindo numa mesma e única pessoa, marcando e sustentando sua prática pedagógica na sala de aula. O perceber-se "como duplo" — ora voltada para a criança, ora voltada para si mesma — incomodava Maria Lúcia: "Eu sei que eu estou fazendo já alguma coisa errada, eu sei que eu estou deixando de fazer coisas importantes."

E de novo a duplicidade e a tensão, pois faz diferença "ver-se errando e ver-se deixando de fazer coisas importantes". O ver-se "errando" traz consigo uma exigência: o corrigir-se, o ajustar-se a um tipo de professora ou a outro, focalizando os dois modos de pensar/fazer a atividade docente como sendo excludentes. No verse "deixando de fazer coisas importantes", os dois modos de pensar/fazer a atividade docente não se excluem. Eles se revelam como possibilidades da atividade pedagógica.

No jogo entre o ver-se errando e o ver-se deixando de fazer coisas importantes, nuances do "ser professora" e do perceber-se como sujeito emergem. O ver-se errando afirma a ilusão de "unicidade" da professora e do sujeito, pela negação da multiplicidade em si mesma. O ver-se deixando de fazer coisas importantes afirma a multiplicidade, o reconhecimento das possibilidades em jogo e o desafio de tecer com elas.

Como articular, como documentar essa multiplicidade, perguntava-se (perguntava-nos) ela.

Com esse pequeno comentário, "desse jeito eu viro uma escritora", Maria Lúcia especificou uma característica do registro — a escrita — e nos trouxe de volta à divisão social do trabalho de interpretação, à distribuição dos papéis e lugares sociais e às imagens (historicamente produzidas nas relações de poder) que deles temos e mantemos.

O registro materializa-se como escrita, diferentemente de nossas "aulas" (que são o cerne da atividade docente entre as professoras da escola fundamental)[73], que se realizam tão predominantemente pela fala, a ponto de não nos soar estranha a idéia de que há uma ligação fundamental entre o ensino e ela. Aliás, como destaca Roland Barthes, a verificação dessa relação é antiquíssima, bastando considerar o fato de que o nosso ensino saiu todo da Retórica. Nesse sentido, historicamente, "frente ao professor que está do lado da fala", situa-se o escritor, definido por Barthes como "todo operador de linguagem que está do lado da escritura".[74]

O registo nos aproxima, então, de um "gênero de discurso"[75] que normalmente não aparece associado a nossa atividade profissional, possibilitando-nos tematizar, elaborar e organizar nossa relação com o trabalho docente e o papel de professora dentro de outros modos de composição, constituindo-nos.

No entanto, como o próprio Barthes, ironicamente, enumera, o falar como professora tem especificidades, que a afastam da prática da escritura. O falar professoral é "uma fala pública", dirigida a um grupo bem definido — o dos alunos — que ocupa um lugar social hierarquicamente submetido ao nosso. É portanto uma fala de autoridade, à qual se pede clareza, nitidez, transparência.[76] É uma fala que pode ser resumida, "privilégio que partilha com o discurso dos parlamentares". No resumo, pensamento e estilo são cindidos: "a 'forma', assim se pensa, é comprimível, e essa compressão não é julgada essencialmente prejudicial". O que fica perdido nesse processo de redução de texto é "o lugar em que se avança o desafio da linguagem: o resumo é uma denegação da escritura."

A relação docente é também lugar de exposição — "não é o saber que se expõe, é o sujeito (expõe-se a penosas aventuras)". A professora fala para e diante de alguém que, geralmente, não fala. Ela diz "eu" e a pretexto de expor um saber, propõe um discurso que, sobretudo entre as professoras da escola fundamental, raramente é organizado por ela. Desse recital, ela nunca recebe uma réplica imediata. A compreensão silenciosa que o acompanha dificulta-lhe saber como foi, como está sendo recebido seu discurso, de modo que a professora nunca tem garantia de uma imagem definitiva, mesmo ofensiva, que a constituísse, assinala Barthes. "O espelho é vazio: ele só me devolve a defecção da minha linguagem à medida que se desenrola".

São práticas discursivas contraditórias, a fala professoral e o registro. A finalidade do registro e o público a quem o dirigimos não são os mesmos de nosso discurso na sala de aula. Podemos escrever para nós mesmas e para nossos pares em busca do sentido de nosso ser profissional. Podemos também escrever para nossos pares, para nossos superiores em nome da função que exercemos. Nosso público, por mais variado que seja, não está hierarquicamente submetido a nós, como estão nossos alunos (por mais democráticos que sejamos).

Quaisquer que sejam os objetivos que nos mobilizam em relação ao registro por escrito, nele tematizamos o vivido na sala de aula, tematizamos "nossa fala", nosso fazer de professoras. Enquanto na "aula" nem sempre proferimos um texto organizado por nós, a despeito de assumirmos como nosso o pretexto de expormos um saber, ao tematizarmos a aula por escrito, percebemo-nos na construção mesma do texto. Percebemos nossa presença no modo como vamos evocando, selecionando e organizando nossas referências, no modo como retomamos "as ilusões de experiências, [as] lembranças, [os] sentimentos advindos ao sujeito que [somos] quando fal[amos], ao sujeito que [éramos] quando falávamos".[77]

Pelo registro escrito, acercamo-nos, de um modo diferente, daqueles com quem interagimos na relação de ensino. Na aula, respondemos a seus gestos e dizeres. No registro escrito, documentamos nosso esforço de leitura, por entre seus gestos e dizeres, dos indícios da relação de ensino com eles compartilhada, seja para avaliá-la/avaliar-nos, seja para indagar-nos acerca do trabalho docente.

Ao contrário da aula, que nem sempre nos possibilita saber de imediato como é recebido nosso discurso, o registro por escrito conta com reações explícitas. Ao escrevermos para nós mesmas, criticamos nosso texto, da mesma forma que nossos leitores o comentam, respondendo-nos explicitamente (até na indiferença, na recusa...)

A fala professoral e o registro, ao serem vividos por nós, permitem-nos experimentar as contradições entre dois modos de elaborar a condição docente. Desdobramento: enquanto na sala de aula, vivemos o papel de professora, no registro por escrito, como professoras, nos apercebemos nesse papel. No cotidiano da sala de aula, embora nos utilizemos da fala professoral com segurança e destreza, desconhecemo-la teoricamente. Como o Jourdain de Molière, que falava em prosa sem o saber, também moldamos nosso discurso pedagógico na fala professoral sem nos darmos conta de sua existência e características. Na esfera da prática do registro, ainda que nos sintamos desamparadas por não dominarmos sua forma genérica, nos apercebemos de nuances do lugar social de professora, como a fala professoral, por exemplo, das quais não nos damos conta enquanto o desempenhamos, porque já parecem ser parte de nós mesmas. (Tanto assim que, num primeiro momento, replicamos nossos velhos planejamentos, tomando-os por registro da prática).

Assim, ainda que escrevamos como professoras, nossa relação com esse papel social, mediada pelo registro escrito, produz-se de um modo diferente daquele pelo qual nós o realizamos.

Nas diferenças que se podem estabelecer entre os lugares ocupados pelo "falar" e pelo "escrever" na constituição do ser professora, mais uma nuance se explicitava na nossa relação com o registro — a professora escritora — suscitando comentários do grupo.

— Exatamente, Malu! — vibrou Antonieta. Virar escritora é isso que eu acho legal, quando nós, professoras, chegamos a essa conclusão de que estamos sendo 'autoras' do nosso trabalho.

— A gente se apropria do próprio trabalho e se vê assim, em relação com ele, observei.

Próximos, meu enunciado e o de Antonieta, remetiam à organização do trabalho docente.

Na articulação estabelecida por Antonieta entre "professora escritora" e "autoria" ecoava a divisão social do trabalho e do direito à interpretação. A professora situada, como sugere Barthes, do lado da fala, do lado do ensinar, do lado do fazer, ao viver a possibilidade de "interpretar" seu ensinar e de registrar sua interpretação num texto, desloca-se para o lado dos "escreventes" e ocupa, ainda que momentaneamente, um espaço vedado a sua participação e que lhe permite estabelecer uma outra relação com o trabalho.

Não se trata de autoria no sentido foucaultiano de "originalidade", nem da "ilusão de ser a origem do sentido" de seu próprio trabalho — a função autor — tal qual enunciada pela Análise do Discurso. Mas autoria como sentir-se incluída nas relações de trabalho, com sua visão de mundo, seus valores, suas emoções, enfim, a singularidade de sua vivência. Singularidade que, ainda que não nos apercebamos, vai sendo produzida na interação com enunciados alheios (anteriores ou simultâneos ao nosso) na esfera de nossa atividade, expressando nossa atitude de aceitação, de indiferença ou de recusa diante deles. Como aponta Bakhtin,

> não podemos determinar nossa própria postura sem correlacioná-la com as de outros [...] porque nosso próprio pensamento (filosófico, científico.artísitico) origina-se no processo de interação e de luta com os pensamentos alheios...[78]

Meu comentário, embora não mencionasse a "autoria", também remetia à divisão do trabalho, destacando a idéia de apropriação, entendida como tornar próprio. Apropriar-se no sentido de ocupar-se da atividade de trabalho segundo concepções e valores, assumidos como próprias, e que nos permitem explicitar-lhe nuances, privilegiar determinados modos de realizá-la, redefinindo, pela força transformadora do fazer efetivo, aspectos de sua organização e das imposições restritivas dos regulamentos.

Apesar das relações de trabalho serem caracterizadas por um ritual, por regras sociais, papéis, modos de ação e valores que têm existência coletiva, que circunscrevem o que pode ser dito e feito (e como) no espaço dessas relações, por seus diferentes atores e pelos diferentes lugares sociais que ocupam, há dentro delas um movimento de circularidade entre forças de estabilização e de dispersão de sua organização e dos sentidos em que ela se ancora. Essa dinâmica possibilita a diversidade dentro do próprio processo de controle e de normalização que as caracteriza, de forma que não há um único modo de ser professora, de viver e de realizar o ato de ensinar e as atividades a ele adstritas. Do mesmo modo, não há um único modo de dizer e significar "o ser professora".

Apropriação... Autoria... Mais uma vez, desdobrado em possibilidades e nuances, o sentido do registro tornava-se outro. Do entrecruzamento entre os dizeres de Antonieta e os meus, ele emergia como instaurador, em nós, de outros modos de relação com o trabalho e de relação conosco pelo trabalho — ver-se em relação com o trabalho, reconhecer-se nas relações de trabalho — pondo em questão os modos como significamos nosso "ser profissional" e os modos como nos percebemos e nos apresentamos como sujeitos.

— Mas é tanta coisa! É tão difícil! — retomava Maria Lúcia. Eu volto a insistir na necessidade de saber o que selecionar!

— É, desde o começo da conversa, você se mostrou preocupada com a questão da seleção e acabamos não falando sobre isso mais diretamente.

— Eu vejo assim, Malu, que é no exercício mesmo do registro que a gente vai apurando a sensibilidade para o que é mais significativo dentro das referências que assumimos. Foi depois de passar um ano inteiro registrando diariamente, que eu considero que aprendi. Foi nesse período que meu ouvido e meu olhar para o que acontecia na sala de aula foram apurando.

— Bom, então é necessário fazer um registro todos os dias?

— Eu fazia...

— Mesmo que eu ache que hoje não aconteceu nada, não aconteceu alguma coisa que mereça ser registrada, analisada?

— Geralmente nos dias em que eu achava que não tinha acontecido nada, eu acabava surpreendida na hora de relatar.

— Tinha acontecido! Eu também já vivi isso.

— Tinha acontecido, sempre acontece, e a gente não vê. Quando eu sentava e começava a descrever eu percebia, parava e dizia prá mim mesma: olha só o que aconteceu e eu não vi. Era um olhar diferente para coisas rotineiras. À vezes um aluno tinha feito uma pergunta que me parecia boba, corriqueira e eu tinha dado uma resposta qualquer. Ao transcrever a pergunta e a minha resposta, eu me dava conta de que ela podia ser muito mais do que eu tinha entendido de início. Daí eu corria pegar o material daquele aluno prá ver como ele tinha resolvido sua pergunta, ou ficava atenta a ele no dia seguinte, conversava com a criança e sempre acabava descobrindo possibilidades nas quais eu não tinha pensado. Esses momentos foram reforçando minha decisão de fazer o registro diariamente.

— Mas é difícil a gente manter!

— Não se esqueçam de que eu tinha um interesse muito grande nisso por causa da pesquisa, do mestrado que eu estava iniciando. É a questão dos objetivos: prá que eu vou registrar? É a questão das condições em que eu faço alguma coisa.

Você também dizia, Malu que eu conseguia tirar significado dos dados. Para isso, eu acho que contribuía a leitura que eu fazia do que registrava. A Antonieta tocou nisso durante a conversa.

— É isso mesmo. A revisão dos relatórios. Quando a gente volta prá ler o que escreveu, dá para perceber muita coisa.

— No final da semana eu lia tudo o que havia registrado e ia percebendo que faltavam dados, faltava contar no registro como eu tinha chegado a perceber isso ou aquilo, porque eu tinha dado importância a x ou y. A cada vez ia ficando mais clara a necessidade de registrar de onde eu estava olhando e falando, a cada vez eu ia ficando mais exigente com os meus dizeres.

Também dei os registros para outras pessoas lerem. Elas também me faziam perguntas, pediam esclarecimentos. Às vezes faziam comentários sobre alguns dados e eu ia estudar prá entender o que tinham dito.

— Isso de uma outra pessoa ler ajuda muito, porque o leitor faz perguntas prá gente, pede esclarecimentos, mostra que se pode ir além daquilo que fizemos. Isso lá na escola tem funcionado.

— É como eu disse, eu esperava isso da coordenação. E quando não vem a gente se frustra.

— Ler também depois de um ou dois meses tudo o que você documentou é bárbaro! Você vai vendo as transformações no seu próprio modo de olhar e de registrar. Daí você começa a fazer consigo mesma, aquilo que eu fazia com você: Olha só esse dado! Parece interessante, ele se repete, o que ele pode indicar? Ou então aconteceu uma vez só, por quê? Você começa a circunscrever coisas nos seus próprios relatos, no seu próprio cotidiano e vai direcionando seu olhar. É isso, vira uma história do cotidiano, documentada, analisada e, algumas vezes, sistematizada...

— Por que "algumas vezes sistematizada"? perguntou Maria do Carmo, enfatizando as últimas palavras.

— A sistematização, Maria do Carmo, envolve a explicitação das nossas referências de análise, coisa que nem sempre a gente faz...
— Mas me parece importante a gente avançar por aí!
— Eu também acho, porque o sentimento de autoria no próprio trabalho se fortalece.
— Você percebe, Malu, como é complexo? Então, eu não sei se tem um jeito de fazer, ou muitos! Eu acho que muitos e que cada um tem que ir fazendo e compartilhando, como foi aparecendo na nossa conversa.
— Eu também penso assim.

Chegamos de modos distintos ao registro. Maria Lúcia movida pelo desejo de apropriar-se dos modos de realizá-lo. Vera Helena por ver-se diante de uma tarefa imposta. Eu buscando a possibilidade de estudar e produzir conhecimento no/pelo trabalho. Maria do Carmo vendo no registro um caminho para avaliar-se. Antonieta e as professoras de sua escola tentando superar a prática burocratizada do planejamento.

Nenhuma de nós estava pronta e acabada para fazê-lo e nem isso era necessário, como nos fizeram (e fazem) acreditar: No entrecruzamento dos nossos dizeres, foi-se evidenciando que o registro assim como todas as atividades que constituem nosso fazer de professoras, muito mais do que procedimentos no curso de nossa formação profissional, configuram atividades complexas e trabalhosas, que comportam dificuldades, que precisam ser aprendidas e elaboradas em seus princípios e fundamentos (são eles que direcionam o proceder).

Tivemos de aprender, conhecer e dominar os manejos do registro e o fizemos por percursos diversos: perguntando; pedindo ajuda a nossos pares; compartilhando o feito com outros interlocutores; na condição de alunas, fazendo junto com uma professora; rompendo com práticas rotineiras, cujo sentido já havíamos esquecido. Na diversidade de percursos, uma coisa em comum: cada uma e todas nós aprendemos fazendo com alguém.

Interrogando-se acerca das formas pelas quais uma pessoa aprende, Deleuze destaca:

> Nunca se sabe como uma pessoa aprende; mas, de qualquer forma que aprenda, é sempre por intermedio de signos, perdendo tempo, e não pela assimilação de conteúdos objetivos. Quem

sabe como um estudante pode tornar-se repentinamente 'bom em latim', que signos (amorosos ou até mesmo inconfessáveis) lhe serviram de aprendizado? Nunca aprendemos alguma coisa nos dicionários que nossos professores e nossos pais nos emprestam. O signo implica em si a heterogeneidade como relação. Nunca se aprende fazendo "como" alguém, mas fazendo "com" alguém, que não tem semelhança com o que se aprende.[79]

Nesse aprender fazendo com alguém, fizemos o registro de muitos jeitos, pois os modos de fazer são múltiplos: descrevemos, analisamos, sistematizamos, centramos o foco do relato em nós mesmas, centramos o foco do relato nas crianças, fomos detalhistas, fomos sintéticas... Também o significamos de modos distintos, multiplicando seus sentidos: registro-memória, registro-avaliação, registro-indagação, registro-autoconhecimento, registro-resistência, registro-reprodução... Diante do registro feito, indagamo-nos acerca de como interpretá-lo, de como aprofundar a análise da prática nele documentada. Nesse percurso, sob a égide de relações de trabalho e com o trabalho aparentemente iguais, o "ser professora" foi se constituindo em nós de modos distintos. Transformamo-nos, desenvolvemo-nos como professoras e como pessoas.

Quando uma palavra, um modo de ação, uma prática são ensinados a alguém, explica-nos Vygotsky, o desenvolvimento dessa palavra, desse modo de ação, dessa prática apenas começou. É no movimento, mediado pelo "outro" que aprendemos e apreendemos o vivido, que nos elaboramos, que reafirmamos e transformamos o que somos, que nos desenvolvemos e singularizamo-nos...

No registro do vivido, assim como no processo de autoconhecimento, o movimento de "caminhar de um ponto a outro é "destecer" (...) e, da massa de fios tecidos, da estória contada nos pontos em cuidados contados, encontrar o motivo primeiro — o nó".[80]

O nó. "Um único, para tantos motivos".[81] "Você percebe como é complexo?" O nó está no porquê, está no para quê. O nó está nas condições de produção e também está no começo. Começo que não começa em nós, porque sabemo-nos num mundo que se organizou muito antes de nós. Assim, o nosso começo começa pelo "em se fazendo", por entre múltiplos fios colocados juntos, enlaçados, entrelaçados, que em movimento compõem tramas diversas. Ninguém tece (ou destece) esperando tornar-se apta a... Aprende-se puxando um fio, trançando outros, em movimentos que ecoam por toda trama. "Tão pouco somos, — e tanto causamos,/com tão longos ecos!"[82]

Mas o bordado não é mágico, ele se faz com/pelo trabalho, nos acontecimentos, no tempo, preenchendo os espaços já riscados na tela virgem e/ou aventurando-se na tela em riscados (e riscos) outros. Assim vamos nos incluindo em nossas relações de trabalho, resistindo às pressões a que somos submetidas no nosso dia-a-dia. Jogamos com as artimanhas da tela, blefamos, como os jogadores, fingimos como os poetas, ocupamos espaços, delineamos ou destecemos fronteiras, introduzimos novos pontos no bordado, suprimimos outros, revemos planos, misturamos cores e fios... Tecendo, destecendo, constituimo-nos como profissionais.

"E, no entanto, é tão tranqüila a imagem de uma mulher a fazer tapeçarias..."[83]

Considerações finais

Se me contemplo
tantas me vejo,
que não entendo
quem sou, no tempo
do pensamento.

Vou desprendendo
elos que tenho,
alças, enredos...
E é tudo imenso...

Formas, desenho
que tive, e esqueço
Falas, desejo
e movimento
- a que tremendo
vago segredo
ides, sem medo?!

Sombras conheço:
não lhes ordeno.
Como precedo
meu sonho inteiro.
e após me perco,
sem mais governo?!

Nem me lamento
nem esmoreço:
no meu silêncio
há esforço e gênio
e suave exemplo
de mais silêncio.

Não permaneço.
Cada momento é meu e alheio.
(...)
Assim compreendo
o meu perfeito
acabamento

Múltipla, venço
este tormento
do mundo eterno
que em mim carrego:
e, una, contemplo
o jogo inquieto
em que padeço.

E recupero
o meu alento
e assim vou sendo.
(...)

Cecília Meireles — *Auto-retrato*

Quem somos?

"A consciência humana depende do tempo para existir", assinala Andrei Tarkovski com toda poesia e sensibilidade de artista.

> O tempo em que uma pessoa vive, dá-lhe a oportunidade de se conhecer como um ser moral, engajado na busca da verdade: no entanto, esse dom que o homem tem nas mãos é ao mesmo tempo delicioso e amargo. E a vida não é mais que a fração de tempo que lhe foi concedida, durante a qual ele pode (e, na verdade, deve) moldar seu espírito de acordo com seu próprio entendimento dos objetivos da existência humana.[1]

No entanto, o que nos leva a buscar a verdade? Como chegamos ao entendimento dos objetivos da existência humana?

Deleuze, em sua leitura de Proust, responde: "a verdade não é descoberta por afinidade, nem com boa vontade, ela se *trai* por signos involuntários.(...) O que quer aquele que diz 'eu quero a verdade'?" — indaga ele — "...quer interpretar, decifrar, traduzir, 'encontrar o sentido do signo (...) encoberto pelo hábito.'"[2]

Continua Deleuze, "Só procuramos a verdade", quando estamos determinados a fazê-lo em função de uma situação concreta, quando sofremos uma espécie de violência que nos leva a essa busca (...) Há sempre a violência de um signo que nos força a procurar, que nos rouba a paz." Signos com os quais nos defrontamos por acaso."... O acaso do encontro é que garante a necessidade daquilo que é pensado. Fortuito e inevitável (...)"[3]

Vygotsky, numa direção próxima, critica a separação entre intelecto e afeto na psicologia.

> "A separação entre intelecto e afeto enquanto objetos de estudo é uma das principais deficiências da psicologia tradicional, uma vez que esta apresenta o processo de pensamento como um fluxo autônomo de 'pensamentos que pensam a si próprios', dissociado da plenitude da vida, das necessidades e dos interesses pessoais, das inclinações e dos impulsos daquele que pensa. Esse pensamento dissociado deve ser considerado tanto um epifenômeno sem significado, incapaz de modificar qualquer coisa na

vida ou na conduta de uma pessoa, como alguma espécie de força primeva a exercer influência sobre a vida pessoal, de um modo misterioso e inexplicável. Assim, fecham-se as portas à questão da causa e origem de nossos pensamentos, uma vez que a análise determinista exigiria o esclarecimento das forças motrizes que dirigem o pensamento para esse ou aquele canal."[4]

Tempo, acaso e significação... Drama... Vida...

No tempo, vivemos e somos nossas relações sociais, produzimo-nos em nossa história. Falas, desejos, movimentos, formas perdidas na memória. No tempo nos constituímos, relembramos, repetimo-nos e nos transformamos, capitulamos e resistimos, mediados pelo outro, mediados pelas práticas e significados de nossa cultura. No tempo, vivemos o sofrimento e a desestabilização, as perdas, a alegria e a desilusão. Nesse moto contínuo, nesse jogo inquieto, está em constituição nosso "ser profissional".

Em nossa trajetória como grupo de estudos e de pesquisa, foram muitos momentos distintos em que nos acercamos do nosso "ser professora" e surpresas, nos vimos tantas, e muitas, nem sempre coerentes, nem sempre harmônicas, no entanto unas. Tão parecidas entre nós, mas também tão singulares.

Inquietas, indagamo-nos: quem somos? o que nos fez/faz assim?

Na relação de aproximação e confiança estabelecida entre nós, fomos percebendo que os muitos modos de "ser professora" que em nós entreteciam-se, nasceram dos encontros e desencontros, do esvaziamento progressivo de respostas consolidadas. Emergiram também "[de] efêmeros interesses, sem seqüência nem antecedência, sem conexões nem fundura".[5] Nasceram até da "mesmice", pois "mesmo da mesmice vem a novidade."[6] Foram as situações vividas, partilhadas com nossos pares, com nossos muitos outros, questionadas, aplaudidas, rechaçadas por eles que, na sutileza de sua aparente desimportância, nos violentaram e nos forçaram a pensar, a buscar os sentidos de signos encobertos pelo hábito. Com essas situações aprendemos. Re-significamos práticas e resignificamo-nos.

A consciência das relações de trabalho vividas e a resistência a elas foram-se traindo, também, por meio de signos involuntários, em detalhes aparentemente desimportantes... Embora nos tenhamos acostumado, embalados pelos ecos do Iluminismo, a pensá-las evidentes, transbordantes, tempestuosas, mobilizadoras... encontramo-las discretamente entrelaçadas aos nossos gestos, fazeres e dizeres do cotidiano, até mal conhecidas por nós mesmas. Para nos aproximarmos delas foi preciso desarmar-nos das certezas e ir a sua procura, por entre espelhos estilhaçados...

Na epígrafe de seu livro *Ensaio sobre a cegueira*, José Saramago[7] resumiu nossa difícil empreitada — "Se podes olhar, vê. Se podes ver, repara." — trazendo-nos de volta às metáforas relativas à visão, com que iniciei essa reflexão sobre o "ser professora".

Numa cultura como a nossa, que privilegia a visão na elaboração do conhecimento do mundo e de si mesmo, os contrapontos entre olhar e ver e entre ver e reparar repõem a multiplicidade desse sentido que nos parece tão único, tão natural, tão "e-vidente".

Olhar "é por os olhos sobre", "é voltar-se para", mas quem olha nem sempre vê, porque o ver implica direcionar a atenção, apurar o foco do olhar. Ver, diz-nos o dicionário, "é conhecer pelos olhos". No entanto, o hábito encobre os sentidos (e os sentidos...), obscurecendo o conhecimento. "Não vemos a trava no próprio olho..."

E aí emerge o reparar, que é ver aquilo, que não se dá a ver, que só nos deixa indícios; ou então, aquilo que por ser evidente, por dar-se a ver, desconsideramos. Como também é "ver além dos olhos", ver além daquilo que se quer ver, ou que já se sabe ver. Ou ainda, submeter a própria percepção a um bloqueio visual (como sugere o personagem de Rosa[8]), expondo-nos a outros modos de olhar: "a visão parcialmente alheada", o "olhar não-vendo".

Mais do que ajustar o foco, mudar o *modus de focar*, olhar de outros jeitos, aproximando-nos do drama, do fragmentário e do contraditório. Aproximando-nos da vida em suas possibilidades, ambigüidades e temporalidade.

Como um modo possível de significar, o reparar também se constituiu em nós, no tempo, num aprendizado lento, mediado pela proximidade, pela oportunidade de compartilharmos vida e trabalho — desvelando posições pessoais e de grupo — e pelo envolvimento, inclusive afetivo, entre nós estabelecido. O acaso também fez parte do aprendizado, da proximidade e do envolvimento, no jogo dos efeitos de sentido que se iam produzindo na dinâmica de nossos encontros.

Nesse percurso, o reparar também se desdobrou, emergindo como reparação de dimensões e possibilidades que vêm sendo mutiladas nas nossas relações cotidianas: os sentidos do tempo, os sentidos do trabalho, o sentimento de dignidade, o afeto, a solidariedade...

Esse processo, em suas particularidades, constituiu, não só a história que aqui contamos, mas a história de constituição do "ser professora" em cada uma de nós, como unidade e dispersão, como continuidade e ruptura, ensinando-nos que "o processo de transformação é cotidiano e diz respeito a múltiplas frentes (...)",[9] que não são vividas como uma preparação para... Nós as produzimos e nelas nos produzimos, conscientes ou não desse processo, mediadas por nossos múltiplos outros, anônimos ou reconhecidos, em aproximação e confronto com eles, conformando-nos e resistindo às condições sociais de produção em que existimos.

Comunidade de destinos, que "torna nossa responsabilidade para conosco e para com os outros ainda mais flagrantemente óbvia".[10]

Notas

PALAVRAS INICIAIS

[1] BORGES, Jorge Luis. "História da eternidade". In: Obras Completas. V. I, 1998, p. 401.

[2] GUIMARÃES ROSA, João. "O espelho". In: *Primeiras Estórias*. Rio de Janeiro: Ed. José Olympio, 1981, p. 61.

ENTRE FANTASMAS E ESPELHOS: PROFESSORES NA PESQUISA EDUCACIONAL RECENTE

[1] COLASANTI, M. *À procura de um reflexo*. In: *Doze reis e a moça no labirinto do vento*. São Paulo: Círculo do Livro, 1982, p. 53.

[2] NÓVOA, A. (org.) *Vidas de professores*. Porto, Portugal: Porto Editora, 1992.

[3] Idem, p. 13.

[4] COLASANTI, M. op. cit. p. 53.

[5] Parece-me importante destacar aqui a influência da obra de Georges Snyders junto aos educadores brasileiros. Em especial sua obra *Escola, classe e luta de classes*. SNYDERS, G. *Escola, classe e luta de classes*. Lisboa: Moraes, 1981).

[6] Entre esses estudos, destacaram-se, por exemplo, a Teoria Crítica, da qual um marco são os trabalhos de Henri Giroux (1986) e a Pedagogia Histórico-Crítica proposta por Saviani (1984 e 1991). Focalizando os processos culturais por meio dos quais os sujeitos das relações educativas percebem e transformam seus significados e fins, a Teoria Crítica (ancorada nos pressupostos defendidos pela Escola de Frankfurt) destaca a conscientização (entendida como a compreensão crítica da situação real vivida pelo educando) e a resistência (entendida como manifestação dos elementos contra-hegemônicos e emancipadores presentes na cultura dos oprimidos) como constructos fundamentais à elaboração de uma pedagogia transformadora. O papel do professor progressista, nessa abordagem, é destacado nos termos de uma "preocupação com a intervenção cultural e a ação social". GIROUX, H. *Teoria crítica e resistência em educação — Para além das teorias da reprodução*. Petrópolis: Vozes, 1986.

A Pedagogia Histórico-Crítica (marcada pela leitura feita por Gramsci do marxismo) considera que as possibilidades transformadoras da prática educativa realizam-se no próprio processo de transmissão/assimilação do conhecimento sistematizado, que é o que define a especificidade da ação da escola como organização da sociedade civil. Defendendo a tese de que a educação escolar, como atividade mediadora no interior da prática social global, contribui para os processos de transformação social ao garantir o acesso(a) e a apropriação, pelas classes populares, dos conhecimentos e práticas intelectuais de que as classes dominantes mantêm o monopólio, requalificou o trabalho do magistério como atividade objetiva, como um saber/fazer político-pedagógico inserido na "luta pela socialização da cultura sob hegemonia burguesa versus hegemonia operária". SAVIANI, D. *Escola e democracia*. São Paulo: Cortez/Autores Associados, 1984, e *Pedagogia Histórico-Crítica: primeiras aproximações*. São Paulo: Cortez/Autores Associados, 1991.

Apesar das diferentes nuances entre as duas abordagens, diferenças ricas ao debate, diga-se de passagem, ambas voltaram-se para a ressignificação do papel da escola e do educador na sociedade de classes.

[7] Faço minha a análise de SILVA, Tomaz Tadeu da. "O trabalho docente: um processo de trabalho capitalista?" In: *O que produz e o que reproduz em educação*. Porto Alegre: Artes Médicas, p. 174-183.

[8] MELLO, Guiomar Namo de. *Magistério de 1º Grau — da competência técnica ao compromisso político*. São Paulo: Cortez e Autores Associados, 1981.

[9] NOVAES, Maria Eliana. *Professora Primária, mestra ou tia*. São Paulo: Cortez, 1984.
ALMEIDA, Guido. *O professor que não ensina*. São Paulo: Summus, 1986.
SILVA, Ezequiel T. da. *Professor de 1º Grau: Identidade em jogo*. Campinas, SP: Papirus,1995.

[10] MELLO, op. cit. p. 117.

[11] Idem, p. 70

[12] Ibidem, p. 145. (Grifos da autora).

[13] OLIVEIRA, Betty e DUARTE, Newton (1990). *A socialização do saber escolar*. São Paulo: Cortez/Autores Associados, 1990.

[14] Idem. p. 38. (Grifos dos autores.)

[15] Ibidem.

[16] Pergunta de uma professora ao assessor pedagógico da escola, onde os princípios da Pedagogia Histórico-Crítica vinham sendo estudados e discutidos. (Anotação do Diário de Campo da pesquisadora, 1993.)

[17] Desabafo de uma aluna do Curso de Magistério (2º Grau) para a professora de Prática de Ensino de Língua Portuguesa. (Anotação em Diário de Campo da pesquisadora, 1993.)

[18] Cf. ORLANDI, E. P. *Discurso e leitura*. Campinas, SP: Cortez/Editora da Unicamp, 1988, p. 82.

[19] MEIRELES, Cecília. *Retrato*. In: *Obras Completas*, Rio de Janeiro: Nova Aguilar, 1994.

[20] Faço minhas, aqui, as indagações do personagem de Rosa, ao buscar-se em vão na superfície de um espelho. GUIMARÃES ROSA, op. cit., p. 66.

[21] GUIMARÃES ROSA, op. cit., p. 64.

[22] LOPES, E. M. T. "Apresentação". In: GOMES, Nilma L. *A mulher negra que vi de perto*. Belo Horizonte, MG: Mazza Edições, 1995.

[23] GUIMARÃES ROSA, op. cit., p. 63.

[24] Idem, p. 64. (Grifo do autor.)

[25] O termo silenciadas foi usado aqui para indicar que, no período anterior, as questões referentes à subjetividade e sua constituição, supostas em toda reflexão que procure problematizar qualquer prática de conhecimento, como destaca FOUCAULT, (*Vigiar e punir*. Petrópolis: Vozes, 1977), permaneceram presentes, mas não criticadas, nas discussões educacionais. Elas estiveram presentes em muitos dos conceitos utilizados, tais como conscientização, alienação, representação, identidade etc.

[26] LOPES, Eliane M. T. "Prefácio". In: ASSUNÇÃO, M. M. S. de *Magistério Primário e cotidiano escolar*. Campinas, SP: Autores Associados, 1996.

[27] GOUVEIA, Aparecida J. *Professoras de amanhã: um estudo da escolha ocupacional*. São Paulo: Pioneira, 1970.
PEREIRA, Luiz. *O Magistério Primário numa sociedade de classes*. São Paulo: Pioneira, 1969.

[28] Cf. MELLO, op. cit., 1981; NOVAES, op. cit., 1984; ALMEIDA, op. cit., 1986; SILVA, op. cit., 1995.

[29] SILVA, Ezequiel T. da. Op. cit., cap.3.

[30] PEREIRA, Lusia Ribeiro. *De donzela angelical e esposa dedicada... a profissional da educação* — A presença do discurso religioso na formação da professora. Faculdade de Educação. USP, 1996. (Tese de Doutorado em História da Educação.)

[31] VELHO, G. *Individualismo e Cultura*. Rio de Janeiro: Zahar Ed., 1981.

[32] Idem, p. 33.

[33] CALDEIRA, T. P. do Rio. *A política dos outros — O cotidiano dos moradores da periferia e o que pensam do poder e dos poderosos*. São Paulo: Brasiliense, 1984.

[34] Idem, p. 286.

[35] Ibidem, p. 285.

[36] Ibidem.

[37] Ibidem.

[38] ASSUNÇÃO, Maria Madalena S. de. *Magistério primário e cotidiano escolar*. Campinas, SP: Autores Associados, 1996.

[39] Idem, p. 3.

[40] Ibidem, p. 84.

[41] Ibidem.

[42] Ibidem, p. 81.

[43] Ibidem, p. 85.

[44] Ibidem, p. 84.

[45] GOMES, Nilma Lino. *A mulher negra que vi de perto*. Belo Horizonte, MG, Mazza Edições, 1995.

[46] Idem, p. 115.

[47] Ibidem, p. 116.

[48] PEREIRA, Lusia Ribeiro, op. cit., 1996.

[49] Idem, p. 13

[50] Ibidem, p. 52.

[51] Ibidem, p. 17.

[52] FERNANDEZ, Alícia *A mulher escondida na professora: uma leitura psicopedagógica do ser mulher, da corporalidade e da aprendizagem*. Porto Alegre: Artes Médicas, 1994.

[53] PEREIRA, Lusia Ribeiro. Op. cit., p. 17.

[54] BECKER, F. *A epistemologia do professor: o cotidiano da escola*. Petrópolis, RJ: Vozes, 1993.

[55] Idem, p. 28.

[56] Ibidem, p. 320.

[57] Ibidem p. 27.

[58] Ibidem.

[59] Ibidem.

[60] Ibidem, p. 27.

[61] Ibidem, p. 334.

[62] Ibidem, p. 332.

[63] DELEUZE, G. *Proust e os signos*, Rio de Janeiro: Forense — Universitária, 1987, p. 16. Ao analisar, no capítulo II, a relação entre signo e verdade, Deleuze destaca que Proust considera que "o erro da filosofia é pressupor em nós uma boa vontade de pensar, um desejo, um amor natural pela verdade. "Proust, afirma ele, "não acredita que o homem, nem mesmo um espírito supostamente puro, tenha naturalmente um desejo do verdadeiro, uma vontade de verdade. Nós só procuramos a verdade quando estamos determinados a fazê-lo em função de uma situação concreta, quando sofremos uma espécie de violência que nos leva a essa busca (...) A verdade não é descoberta por afinidade, nem com boa vontade, ela se trai por signos involuntários." E ainda, "A idéia filosófica de 'método' Proust opõe a dupla idéia de 'coação' e 'acaso'. (...) O signo que é objeto de um encontro (...) exerce sobre nós a violência. O acaso do encontro é que garante a necessidade daquilo que é pensado. Fortuito e inevitável (...) O que quer aquele que diz 'eu quero a verdade?'... Ele quer interpretar, traduzir, encontrar o sentido do signo" (p.16/17. Grifos do Autor).

[64] *Les Entretiens Nathan: Savoirs et Savoir-faire*. Direction Alain Bentolila. Paris: Éditions Nathan, 1995.

[65] KRAMER, S. *Por entre as pedras — arma e sonho na escola*, São Paulo: Ática, 1993.

[66] Idem, p. 111

[67] Ibidem.

[68] Ibidem, p. 199.

[69] ANDALÓ, Carmen S. de A. *Fala, Professora!* Repensando o aperfeiçoamento docente. Petrópolis, Rio de Janeiro: Vozes, 1995.

[70] Idem, p. 189,

[71] SOUZA, Aparecida Neri de. *Sou professor, sim senhor!* Campinas, São Paulo: Papirus, 1996.

[72] Idem, p. 18.

[73] Ibidem.

[74] Ibidem, p. 19.

[75] Ibidem, p. 136.

[76] Ibidem, p. 137.

[77] Ibidem.

[78] Ibidem, p. 21.

[79] Ibidem, p. 22.

[80] PENIN, S. T. "Cotidiano escolar e ensino: conhecimento e vivência." Revista ANDE, 1993, nº 19. Essa forma de definir a representação foi elaborada por Henri Lefebvre. Segundo ele, as representações mediatizam as relações entre o *vivido* (que diz respeito à vivência subjetiva e à vivência social e coletiva dos sujeitos num contexto específico) e o *concebido* (que diz respeito ao ideário teórico de uma época, ao discurso articulado que determina o eixo do saber a ser promovido e divulgado), diferenciando-se de ambos.

As representações se formam entre o vivido e o concebido, configurando, nas palavras de Lefebvre, o terceiro termo que se forma a partir da relação" representante-representado". Elas interpretam a vivência e a prática e intervêm nela, mas não configuram uma forma de conhecimento e de domínio sobre o vivido. Algumas representações circulam e desaparecem, outras se consolidam modificando tanto o vivido quanto o concebido.

LEFEBVRE, H. *La presencia y la ausencia — contribución a la teoria de las representaciones.* México: Fondo de Cultura Económica, 1983.

[81] PENIN, Sonia T. de S. *Escola e Cotidiano.* São Paulo: Cortez, 1989.

[82] PENIN, Sonia T. de S. "A professora e a construção do conhecimento sobre o ensino". *Cadernos de Pesquisa*, São Paulo, n.92, fev.1995, p. 5-15.

[83] Idem, p. 14.

[84] Ibidem.

[85] O narrador, segundo Benjamin, é alguém em quem se mantém a "faculdade de intercambiar experiências". Ele "assimila à sua substância mais íntima aquilo que sabe por ouvir dizer". BENJAMIN, W."O Narrador- Considerações sobre a obra de Nikolai Leskov". In: *Magia e técnica, arte e política — Ensaios sobre literatura e a história da cultura.* (Obras Escolhidas-V.1). São Paulo: Brasiliense, 1985, p. 198- 221.

[86] Assumindo a perspectiva da Teoria da Enunciação, tal qual elaborada por M. Bakhtin, estou utilizando-me aqui do conceito de enunciado como a materialização do uso da língua. Os enunciados (orais ou escritos) são concretos e singulares e estão indissoluvelmente ligados às condições sociais em que são produzidos na dinâmica das relações sociais, qie por sua vez estão sempre ligadas às estruturas sociais. Os enunciados refletem essas condições específicas e o objeto de cada uma das esferas da *praxis* humana, no seu conteúdo temático, no seu estilo verbal, ou seja a seleção dos recursos léxicos, fraseológicos e gramaticais da língua e na sua composição ou estruturação. Essas três dimensões estão indissuluvelmente vinculadas na totalidade do enunciado e se determinam reciprocamente. (*Marxismo e filosofia da linguagem.* São Paulo: Hucitec, 1986.)

[87] BENJAMIN, op. cit., p. 205.

[88] ANDALÓ, op. cit., p. 59.

[89] Idem.

[90] Ibidem.

[91] É sugestivo lembrar, aqui, que na apresentação do livro de Aparecida Neri de Souza (op.cit., 1996.), foi estabelecida uma relação entre o texto e os quadros de Georges Deem, a respeito da escola.

[92] BENJAMIN, op. cit., p. 200

[93] FERRAROTI, F. "Sobre a autonomia do método biográfico". In: NÓVOA, A. e FINGER, M. (ed). *O Método Auto-biográfico e a Formação.* Lisboa: Ministério da Saúde, 1988.

[94] NÓVOA, A. (org.) *Vidas de professores.* Porto, Portugal: Porto Editora, 1992. Nessa coletânea, Antonio NÓVOA traz uma amostragem interessante dessa produção, e, em seu artigo — "Os professores e as histórias da sua vida" — apresenta e caracteriza as principais obras e autores nessa abordagem, agrupando-os segundo os objetivos subjacentes aos estudos e às dimensões (pessoa do professor, prática e profissão) que se propuseram a abranger.

[95] Idem, p. 24.

[96] Ibidem, p. 16.

[97] DOMINICÉ, P. "Cycles de vie et formation des *adultes*". *Travail Social*, 4, p. 14-19, apud NÓVOA (1992), op. cit., p. 23

[98] SOARES, Magda. *Metamemória — Memórias. Travessia de uma educadora.* São Paulo: Cortez, 1991.

[99] MAGNANI, Maria do Rosário M. *Em Sobressaltos: formação de professora.* Campinas, SP: Editora da UNICAMP, 1993.

[100] LACERDA, Nilma Gonçalves. *Manual de tapeçaria*. Rio de Janeiro: Philobiblion/ Fundação Rio, 1986.

[101] SOARES, op. cit., p. 16.

[102] MAGNANI, op. cit. p. 37.

[103] Idem, p. 30. (Os grifos são meus.)

[104] LACERDA, op cit., p. 193.

[105] GERALDI, J. Wanderley. "A constituição do sujeito leitor". In: *Módulo I: Fundamentos de estudos da linguagem*. Campinas: UNICAMP/VITAE/SEE, 1993, p. 13.

[106] Ibidem. (Grifos do autor).

[107] SOUZA, op. cit., p. 21. (Grifo da autora.)

[108] Idem, p. 18.

[109] Ibidem, p. 89.

[110] Ibidem, p. 80.

[111] Ibidem, p. 94.

[112] GUIMARÃES ROSA, op. cit., p. 64. (Grifo do autor.)

[113] BAKHTIN, M. "Autor y personaje en la actividad estética". In: *Estética de la creación verbal*. Mexico: Siglo Veintiuno Editores, 2. ed., 1985, p. 37. (Tradução e grifos meus.)

[114] Idem.

[115] ACCARDO, A. et CORCUFF, P. *La sociologie de Bourdieu*. Bordeaux: Editions Le Mascaret, 1986, p. 55, apud SOUZA, op. cit., p. 18. (Grifos meus).

[116] PENIN, Sonia T.de S. *Escola e Cotidiano*. São Paulo: Cortez, 1989, p. 29. (Grifos meus).

[117] HENRIQUES, J. et al. *Changing the subject*. Londres, Methuen & Co.Ltd., 1984, p. 99. (Tradução minha.)

[118] VYGOTSKY, L. S. "The Concrete Human Psychology — Um manuscrito inédito de Vygotsky". *Psikhologiya*, Moscou, n. 1, 1986, p. 51-64. (Tradução Enid A. Dobránszky.)

[119] BAKHTIN, op. cit., p. 38. (Tradução minha.)

[120] BENJAMIN, op. cit., p. 201.

[121] Idem. p. 211. (Grifos meus.)

[122] LACERDA, op. cit., p. 122.

[123] VELOSO, Caetano (1988) *Trilhos urbanos*. In: *Literatura Comentada*, São Paulo: Editora Nova Cultural, p. 107.

PARA ALÉM DOS ESPELHOS: COMUNIDADE DE DESTINO...

[1] GUIMARÃES ROSA, op. cit., p. 62.

[2] Ibidem.

[3] LURIA, A.R. *Desenvolvimento Cognitivo: seus fundamentos culturais e sociais*. São Paulo: Ícone, 1994.

[4] MARX, K. e ENGELS, F. apud LURIA, A.R. *Desenvolvimento Cognitivo: seus fundamentos culturais e sociais*. São Paulo: Ícone, 1994, p. 194.

[5] VYGOTSKY, op. cit., p. 51-64.

[6] BAKHTIN, M. *Estética de la creación verbal*. Mexico: Siglo Veintiuno Editores, 2. ed., 1985,
_____. *Marxismo e Filosofia da Linguagem*. São Paulo: Hucitec, 1986.

_____. *Questões de literatura e estética* (A Teoria do Romance). São Paulo: Hucitec/ Ed. UNESP,1988.

[7] VYGOTSKY, op. cit., p. 35.

[8] BAKHTIN, M. "De los apuntes de 1970-1971." In: *Estética de la creación verbal*. Mexico: Siglo Veintiuno Editores, 1985, p. 360. (Tradução minha.)

[9] VYGOTSKY, op. cit. p. 35.

[10] ORLANDI, E. *A linguagem e seu funcionamento: as formas do discurso*. Campinas, SP: Pontes, 1987, p. 187.

[11] BAKHTIN, M. "De los apuntes de 1970-1971." In: op. cit., p. 360. (Tradução minha)

[12] VYGOTSKY, op. cit., p. 36.

[13] Idem.

[14] BAKHTIN, M. "Hacia una Metodologia de las Ciências Humanas". In: op. cit., 1985, p. 385. (Tradução minha.)

[15] Idem.

[16] BARROS, Manoel de. Fragmento de "Desejar Ser". In: *Folha de São Paulo*. 10 de fevereiro de 1996. Ilustrada.

[17] POLITZER, G. "Psicologia Mitológica e Psicologia Científica". In: *Os fundamentos da Psicologia*. Lisboa: Prelo, 1977, p. 73-160.

[18] VYGOTSKY, op. cit., p. 47.

[19] POLITZER, op. cit., p. 107

[20] Idem, p. 126.

[21] Ibidem, p. 146-7.

[22] BAKHTIN, M. *Marxismo e filosofia da linguagem*. São Paulo: Hucitec, 1986, p. 33.

[23] Idem, p. 132.

[24] Ibidem, p. 34.

[25] Ibidem, p. 49.

[26] Ibidem, p. 117.

[27] Ibidem, p. 61.

[28] VYGOTSKY, op. cit., p. 40.

[29] BAKHTIN, op. cit., p. 52.

[30] Idem.

[31] VYGOTSKY, *Pensamento e linguagem*. São Paulo: Martins Fontes, 1987, p. 132.

[32] VYGOTSKY, "The Concrete Human Psychology — Um manuscrito inédito de Vygotsky". *Psikhologiya*, Moscou, n. 1, 1986, p. 36. (Tradução Enid A. Dobránszky.)

[33] BAKHTIN, op. cit., p. 37.

[34] Idem, p. 38.

[35] VYGOTSKY, op. cit., p. 39.

[36] Segundo Vygotsky, podemos observar, nas etapas iniciais da apropriação e elaboração da linguagem pela criança e em seu desenvolvimento lingüístico a gênese de nossa atividade voluntária. Em suas relações com a criança, a mãe orienta sua atenção -" pegue a boneca, dá a mão prá mim, onde está o patinho?" — separando a coisa nomeada do fundo geral e organizando, pela linguagem, seus atos motores. A criança deixa-se conduzir pelas direções enunciadas pela mãe, procurando cumprir as instruções verbais recebidas. Seus movimentos deixam de ser instintivos e

espontâneos, adequando-se à direção imprimida pelas palavras da mãe. Ao dominar a língua, a criança passa a dar ordens a si mesma, imitando a relação vivida com a mãe. Inicialmente, ela o faz na linguagem externa, depois na linguagem interior, passando a controlar e dirigir suas próprias ações. (VYGOTSKY, Pensamento e linguagem. São Paulo: Martins Fontes, 1987.)

[37] VYGOTSKY, op. cit., p. 36-38.

[38] Idem p. 38.

[39] BAKHTIN, op. cit., p. 59.

[40] GERALDI, op. cit., p. 14.

[41] BENJAMIN, op. cit., p. 201.

[42] BAKHTIN, op. cit., p. 48.

[43] VYGOTSKY, op. cit., 1986, p. 51.

[44] Idem, p. 46.

[45] Ibidem, p. 52.

[46] Ibidem, p. 52.

[47] Ibidem, p. 33. (Grifos meus.)

[48] Ibidem, p. 44. (Grifos do Autor.)

[49] Ibidem p. 47.

[50] Ibidem, p. 48.

[51] VYGOTSKY, "Problemas de método". In: *A formação social da mente*. SãoPaulo: Martins Fontes, p. 74.

[52] VYGOTSKY, op. cit., 1986, p. 33.

[53] Vygotsky, ao discutir a questão metodológica, alertava para os limites da observação na apreensão da dinâmica dos processos de desenvolvimento. Segundo ele, a *intervenção experimental*, entendida como uma *atuação sobre as relações em curso, no contexto em estudo, jogando com suas condições sociais de produção*, pode "provocar, criar artificialmente um processo de desenvolvimento psicológico", fornecendo-nos indicadores da emergência e da internalização de modos de ação e de elaboração nos sujeitos envolvidos na pesquisa. Esses indicadores aparecem nos percursos, recursos e estratégias compartilhados com eles/entre eles, no decorrer das atividades em que se encontram envolvidos.

Tal princípio metodológico baseia-se nas teses de Vygotsky de que *"toda função aparece em cena duas vezes no desenvolvimento cultural dos indivíduos: primeiramente entre pessoas e depois dentro do indivíduo"* e de que na atividade compartilhada é possível apreender a emergência de funções em elaboração, que configuram formas de desenvolvimento proximal.

Na Psicologia Histórico-Cultural, esses pressupostos teórico-metodológicos foram sistematizados por Zinchenko, Wertsch e Hickmann na análise *micro-genética*, que é um procedimento metodológico que visa documentar, empiricamente o processo de transição das formas sociais de relações entre pessoas (o funcionamento interpsicológico) para as formas de atividade mental (o funcionamento intra-psicológico), durante o desenvolvimento de atividades compartilhadas entre os sujeitos de uma pesquisa. Veja-se nesse sentido, além do texto de Vygotsky citado na nota 169, os trabalhos de HICKMANN, M. e WERTSCH, J. *"Adult-child discourse in problem solving situations."* In: *Papers form the 14th Meeting of Chicago Linguistics Society.* Chicago, USA. 1978.

[54] BAKHTIN, op. cit., 1986, p. 49.

[55] HENRIQUES, J. et alii. Op. cit., p. 99.

[56] Segundo Jacques Loew, citado por Ecléa Bosi, "é preciso que se forme uma comunidade de destino para que se alcance a compreensão plena de uma dada condição humana." BOSI, E. *Memória e sociedade: lembranças de velhos*. São Paulo: T. A. Queiroz Ed, 1987, p. 2.

[57] DELEUZE, op. cit., p. 8.

[58] Cabe registrar aqui, um agradecimento especial ao Paulo Romualdo Hernandez, que nos acompanhou na aproximação da Filosofia, mediando nossa compreensão e sugerindo-nos novas questões.

[59] DOURADO, Autran. *Uma vida em segredo*. Rio de Janeiro: Livraria Francisco Alves Ed., 1964, p. 39.

[60] BAKHTIN, M. "El problema de los generos discursivos". Op. cit., 1985, p. 287. (Tradução minha.)

Dorothy Holland define poeticamente o discurso íntimo como "inwardly spoken memories" (memórias (ditas) (dirigidas) para dentro). In: *Selves as cultured: as told by an anthropologist who lacks a soul*. Comunicação apresentada na Conferência "Self and Identity", organizada por R. Ashmore e L. Jussim, Rutgers University, abril, 1995, p. 31. O texto está no prelo.

Destaco esse modo de definir utilizado por Holland porque ele, a meu ver, complementa poeticamente a definição de Bakhtin e expressa bem a ambiência das relações discursivas estabelecidas no grupo.

[61] BAKHTIN, "El problema de los generos discursivos". In: Op. cit., 1985, p. 248-294. (Tradução minha.)

[62] LACERDA, op. cit., p. 13.

[63] O conceito de *efeitos de sentido* é um conceito cristalizado na Análise do Discurso Francesa e refere-se aos processos de produção dos sentidos como produção histórica que tem lugar nas interlocuções. No processo que é a interlocução, destaca Eni Orlandi, os sentidos se recolocam a cada momento, de forma múltipla e fragmentaria. Todos os sentidos são possíveis e a dominância de um sobre outros é estabelecida pelas condições sociais de produção da dinâmica interativa. (ORLANDI, E. *A linguagem e seu funcionamento - As formas do discurso*. Campinas, SP: Pontes, 1987.)

[64] DEJOURS, C. *A loucura do trabalho: estudo de psicopatologia do trabalho*. São Paulo: Cortez/OBORÉ, 1992.

[65] ROSA, Maria Inês. *Trabalho, subjetividade e poder*. São Paulo: EDUSP/Letras & Letras, 1994.

TORNAR-SE PROFESSORA — HISTÓRIA E MEMÓRIA

[1] LISPECTOR, Clarice. *A hora da estrela*, Rio de Janeiro, Ed. Record, 1996, p. 36.

[2] BEAUVOIR, Simone de. *O segundo sexo*, v. II, São Paulo: Difusão Européia do Livro, 1967, p. 206.

[3] CALDEIRA, Teresa P. do Rio. *A política dos outros*, São Paulo, Brasiliense, 1984, p. 127

[4] IBID

[5] ENGUITA, Mariano F. *A face oculta da escola: educação e trabalho no capitalismo*, Porto Alegre: Artes Médicas, 1989, p. 239. Grifos meus.

[6] Idem.

[7] Ibidem, p. 237.

[8] ENGUITA, Mariano F. *A face oculta da escola: educação e trabalho no capitalismo*, Porto Alegre: Artes Médicas, 1989. Em especial páginas 238 a 240.

[9] Ver nesse sentido, Mello (1992), Novaes (1984), Silva (1995), entre outros.

[10] Tal como o movimento abortado de pegar, dirigido por uma criança a um objeto, tendo por finalidade uma ação (movimento em si), transforma-se pela mediação da mãe, que o toma por uma instrução da criança, em gesto de apontar (gesto para o outro), que depois é utilizado pela criança, já com esse significado (gesto para si própria), todo desenvolvimento cultural, nos ensina Vygotsky, tem três estágios: "o desenvolvimento em si, para os outros e para si próprio".

"Tornamo-nos nós mesmos através dos outros. Em sua forma puramente lógica, a essência do processo de desenvolvimento cultural consiste precisamente nisso. A personalidade torna-se uma personalidade para si própria, em virtude do fato de que ela está dentro de si, mediante o ato de ter-se mostrado aos outros como tal."Vygotsky. L.S. "Concrete Human Psychology", 1986, p. 35.

[11] BAKHTIN, M. "El problema de los generos discursivos". In: *Estética de la creación verbal*. Mexico: Siglo Veintiuno Editores, 1985, p. 248-294.

[12] HELLER, Agnes. *Sociologia della vita quotidiana*. Roma: Ed. Riuniti, 1975, p. 127-8.

[13] Enguita toma este termo emprestado a Fabricio Caivano, para caracterizar a crescente e obrigatória (ainda que não universal) escolarização da criança nos países industrializados.Segundo ele, a maioria da população infantil e juvenil substitui a infância pela alunância, permanecendo grande parte de seus primeiros anos de vida dentro das escolas, que configuram uma espécie de "instituição total de tempo parcial" que enquadra, em caráter obrigatório, toda a população. (ENGUITA, Mariano F. *A face oculta da escola: educação e trabalho no capitalismo*, Porto Alegre: Artes Médicas, 1989.

[14] ENGUITA, op. cit. p. 158.

[15] DEJOURS, C. *A loucura do trabalho: estudo de psicopatologia do trabalho*. São Paulo: Cortez/OBORÉ, 1992, p. 148-152.

[16] DEJOURS, C. *A loucura do trabalho: estudo de psicopatologia do trabalho*. São Paulo: Cortez/OBORÉ, 1992, p. 150.

[17] ORLANDI, E.P. *As formas do silêncio: no movimento dos sentidos*. Campinas, SP: Editora da UNICAMP, 1995.

[18] Idem, p. 23.

[19] Ibidem, p. 24. (Grifos meus.)

[20] Ibidem, p. 50.

[21] Ibidem, p. 107-8.

[22] ASSUNÇÃO, Maria Madalena S. de. *Magistério primário e cotidiano escolar*. Campinas, SP: Autores Associados, 1996, p. 90. (Grifos meus.)

[23] ASSUNÇÃO, Maria Madalena S. de. *Magistério primário e cotidiano escolar*. Campinas, SP: Autores Associados, 1996, p. 23.

[24] Ibidem, p. 22.

[25] Ibidem, p. 23.

[26] PRADO, Adélia. "Paixão". In: *Poesia Reunida*, São Paulo: Siciliano, 1991.

[27] A abordagem walloniana da subjetividade aproxima-se daquela assumida por Vygotsky, Bakhtin e Politzer, na medida em que destaca a contradição eu/outro como base da constituição da individualidade pela alteridade. (WALLON, H."O

papel do outro na consciência do eu". In: WEREBE, M. J. G. e NADEL-BRULFERT, J. (orgs.) Henri Wallon. São Paulo: Ática, 1986, p. 158-167.

[28] SMOLKA, A. L., GÓES, M. C. R. de e PINO, A. "The constitution of the subject: a persistente question". In: WERTSCH, J; Del RIO, P. e ALVAREZ, A. (orgs.) *Social Cultural Studies of Mind*. Cambridge, 1995.

[29] BAKHTIN, M. "El problema del texto en la lingüística, la filologia y otras Ciências Humanas. Ensayo de análisis filosófico." In: *Estética de la creación verbal*. Mexico: Siglo Veintiuno Editores, 1985, p. 301.

[30] BENJAMIN, W. *Sobre o conceito da História*. Op. cit., São Paulo: Brasiliense, 1987, p. 222-232. (Obras escolhidas, v. I.)

[31] ENDE, M. *A história sem fim*. São Paulo: Martins Fontes, 1988, p. 206.

[32] BRANDÃO, C. R. *O que é educação*. São Paulo: Brasiliense, 1981, p. 14.

[33] BRANDÃO, C. R. *O educador: exercícios de compreensão do trabalho do trabalhador da educação*. In: *Lutar com a palavra*. Rio de Janeiro: Graal, 1985, p. 109.

[34] BRANDÃO, C. R. *O educador: exercícios de compreensão do trabalho do trabalhador da educação*. In: *Lutar com a palavra*. Rio de Janeiro: Graal, 1985, p. 113.

[35] MANACORDA, M. *História da Educação — da antigüidade aos nossos dias*. São Paulo: Cortez/Autores Associados, 1992, p. 41.

[36] LACERDA, op. cit., p. 92.

[37] Ibid p. 127.

[38] LACERDA, Nilma Gonçalves. *Manual de Tapeçaria*. Rio de Janeiro: Philobiblion/ Fundação Rio, 1986, p. 92.

[39] Ibidem, p. 92.

[40] GUIMARÃES ROSA, J. *Grande Sertão: Veredas*. Rio de Janeiro: José Olympio Ed., 1980.

[41] PEREIRA, Lusia Ribeiro. *De donzela angelical e esposa dedicada... a profissional da educação — A presença do discurso religioso na formação da professora*. Faculdade de Educação. USP, 1996, p. 40 (Tese. Doutorado em História da Educação).

[42] Idem.

[43] DELEUZE, G. *Proust e os signos*. Rio de Janeiro: Forense — Universitária, 1987, p. 4. (Grifos do autor.)

[44] Idem.

[45] DELEUZE, G. *Proust e os signos*, Rio de Janeiro: Forense — Universitária, 1987, p. 30

[46] Ibidem, p. 22.

[47] MANACORDA, M. *História da educação — da antigüidade aos nossos dias*. São Paulo: Cortez/Autores Associados, 1992.

[48] MANACORDA, M. *História da educação — da antigüidade aos nossos dias*. São Paulo: Cortez/Autores Associados, 1992, p. 58.

[49] DELEUZE, G. *Proust e os signos*, Rio de Janeiro: Forense — Universitária,1987, p. 6.

[50] DEJOURS, C. *A loucura do trabalho: estudo de psicopatologia do trabalho*. São Paulo: Cortez/OBORÉ, 1992, p. 75.

[51] Ibidem, p. 75.

[52] GUIMARÃES ROSA, João. "O espelho". In: *Primeiras estórias*, Rio de Janeiro: Ed. José Olympio, 1981, p. 61.

[53] DEJOURS, C. *A loucura do trabalho: estudo de psicopatologia do trabalho*. São Paulo: Cortez/OBORÉ, 1992, p. 76.

[54] Idem, p. 133.

[55] SMOLKA et alii. "A questão dos indicadores de desenvolvimento: apontamentos para discussão". *Caderno de desenvolvimento infantil*, Pastoral da Criança, CNBB, v. 1, n. 1, 1994.

[56] BOSI, E. *Memória e sociedade: lembranças de velhos*. São Paulo: T. A. Queiroz Ed, 1987, p. 335.

[57] CALVINO, I. *O castelo dos destinos cruzados*. São Paulo: Companhia das Letras, 1994.

[58] DELEUZE, G. *Proust e os signos*, Rio de Janeiro: Forense — Universitária,1987, p. 8.

[59] Estou entendendo por organização do trabalho, de acordo dom Dejours, as condições sociais de produção de uma determinada atividade, ou seja como essa atividade é determinada pela divisão do trabalho. Qual o conteúdo da tarefa e como ela se insere no sistema hierárquico e nas relações de poder e responsabilidade, que derivam da divisão social do trabalho. (DEJOURS, C. *A loucura do trabalho: estudo de psicopatologia do trabalho*. São Paulo: Cortez/OBORÉ, 1992.)

PRAXIS E POIESIS: AS RELAÇÕES DAS PROFESSORAS COM SEU OFÍCIO

[1] BOSI, *Memória e sociedade: lembranças de velhos*. São Paulo: T. A. Queiroz Ed., 1987, p. 392.

[2] ARENDT. *A condição humana*. Rio de Janeiro: Forense universitária, 1991.

[3] SILVA. Ezequiel T. da. Op. cit., p. 107.

[4] SILVA, Ezequiel T. da. Op. cit., p. 111.

[5] Ibidem, p. 107.

[6] SOUZA, Aparecida Neri de. Op. cit., p. 118.

[7] O neologismo é bastante utilizado entre professores, daí sua incorporação ao texto.

[8] SOUZA, op. cit., p. 111.

[9] Ibidem, p. 137.

[10] O conceito de estratégia defensiva utilizado por Neri foi formulado por Dejours para designar as estratégias que os trabalhadores elaboram para encobrir o sofrimento, de natureza mental, neles produzido, pelo bloqueio da relação homem (entendido como a unidade de suas necessidades fisiológicas e seus desejos psicológicos) trabalho (condições e organização). Ver Dejours, C. A loucura do trabalho: estudo de psicopatologiado trabalho. São Paulo: Cortez/OBORÉ, 1992, cap. 1.

[11] SOUZA, op. cit., p. 103.

[12] Idem, p. 133.

[13] Ibidem.

[14] ASSUNÇÃO, op. cit., p. 80.

[15] Idem, p. 76.

[16] CORIA. *El sexo oculto del dinero: formas de la dependencia feminina*. Barcelona: Argot, 1987.

[17] ASSUNÇÃO, op. cit., p. 77.

[18] FERNANDEZ, A. apud ASSUNÇÃO, op. cit., p. 89.

[19] ASSUNÇÃO, op. cit., p. 89.

[20] Ibidem, p. 90.

[21] DEJOURS, op. cit., 1992.

[22] Idem, p. 52.
[23] Ibidem, p. 26.
[24] ROSA, op. cit., 1994.
[25] Ibidem, p. 6.
[26] Ibidem, p. 3.
[27] ROSA, op. cit., 1994, p. 75.
[28] GUIMARÃES ROSA. "Luas de mel". In: *Primeiras estórias*, Rio de Janeiro: Ed. José Olympio, 1981, p. 92.
[29] THOMPSON, E. "O tempo, a disciplina do trabalho e o capitalismo industrial." In: SILVA, T. T. *Trabalho, educação e prática social: por uma teoria da formação humana*. Porto Alegre: Artes Médicas, 1991.
[30] Os conceitos de tempo quantitativo e qualitativo foram utilizados por Maria Inês Rosa (1994), para referir-se ao tempo de trabalho no processo de trabalho imediato. Inspirando-se em P. Naville (*Le Nouveau Léviathan — De l'alienation à la jouissance*, Paris, Anthropos, 1970), ela considera que o tempo quantitativo (tempode trabaho geral, abstrato) e o tempo qualitativo (tempo de trabalho concreto particular) estão presentes e em permanente tensão no processo de trabalho. "O tempo produtivo quantitativo subsume-se ao qualitativo na relação imediata do trabalhador com os resultados de seu trabalho,na qualidade de valores de uso, resultados de seu trabalho concreto, particular, e junto à sua singularidade como indivíduo-trabalhador."(p. 76)
[31] Estou me referindo aqui ao conceito de memória de sentidos, tal qual elaborado por Eni ORLANDI. (ORLANDI, E. P. *As formas do silêncio*: no movimento dos sentidos. Campinas, SP: Ed. da UNICAMP,1995 e *Interpretação*: autoria, leitura e efeitos do trabalho simbólico. Petrópolis, RJ: Ed. Vozes, 1996.) A reflexão que se segue está baseada nesses estudos da autora, em especial no estudo sobre a interpretação.
[32] ORLANDI (1996), op. cit., p. 95.
[33] BAKHTIN, M. *Marxismo e filosofia da linguagem*. São Paulo: Hucitec, 1986, p. 35.
[34] ORLANDI, op. cit., 1996, p. 96.
[35] DELEUZE, G. *Proust e os signos*, Rio de Janeiro: Forense — Universitária, 1987, p. 4
[36] Idem.
[37] ORLANDI, op. cit., 1996, p. 96.
[38] Idem.
[39] LACERDA, op. cit., 124.
[40] ORLANDI, E. op. cit., 1996, p. 87.
[41] Idem, p. 12.
[42] DEJOURS,C. *A loucura do trabalho: estudo de psicopatologia do trabalho*. São Paulo: Cortez/OBORÉ, 1992, cap. 3.
[43] ORLANDI, Eni. *As formas do silêncio: no movimento dos sentidos*. São Paulo: Ed. da UNICAMP, 1995, p. 134.
[44] ORLANDI, Eni. *As formas do silêncio: no movimento dos sentidos*. São Paulo: Ed. da UNICAMP, 1995, p. 59.
[45] BAKHTIN, M. *Marxismo e filosofia da linguagem*. São Paulo: Hucitec,1986, p. 113
[46] Idem, p. 114.
[47] Ibidem, p. 113.
[48] Ibidem, p. 114.

[49] VYGOTSKY, L. S. "The Concrete Human Psychology — Um manuscrito inédito de Vygotsky". *Psikhologiya*, Moscou,n. 1, 1986, p. 37. (tradução Enid A. Dobránszky.)

[50] Idem.

[51] Ibidem. (Grifos do autor.)

[52] GAGNEBIN, J.M. "Walter Benjamin ou a história aberta". In: BENJAMIN,W. *Obras escolhidas — magia e técnica, arte e política*. São Paulo: Ed. Brasiliense, 1987, p.115-116.

[53] BOSI, E. *Memória e sociedade: lembranças de velhos*. São Paulo: T. A. Queiroz Ed, 1987, p. 43.

[54] BAKHTIN, M. *Marxismo e Filosofia da Linguagem*. São Paulo: Hucitec,1986, p. 118.

[55] Idem, p. 119-121.

[56] ORLANDI, op. cit., 1995, p. 134.

[57] Idem, p. 121.

[58] VELOSO, Caetano. "Cajuína". In: *Literatura Comentada*. São Paulo: Editora Nova Cultural, 1988, p. 109.

[59] GUIMARÃES ROSA, João. "O espelho". In _____: *Primeiras Estórias*, Rio de Janeiro: Ed. José Olympio, 1981, p. 62.

[60] VYGOTSKY,L.S. "The Concrete Human Psychology — Um manuscrito inédito de Vygotsky". *Psikhologiya*, Moscou,n° 1, 1986, p. 40. (Tradução Enid A. Dobránszky.)

[61] É interessante lembrar que, no russo, uma única e mesma palavra (OBUCHENIE) designa o aprender e o ensinar.

[62] BAKHTIN, M. *Marxismo e filosofia da linguagem*. São Paulo: Hucitec,1986, p. 46. (Grifos do autor.)

[63] ORLANDI, E. *Interpretação: autoria, leitura e efeitos do trabalho simbólico*. Petrópolis, RJ: Ed. Vozes, 1996, p. 9.

[64] LACERDA, Nilma Gonçalves. *Manual de tapeçaria*. Rio de Janeiro: Philobiblion/ Fundação Rio,1986, p. 9.

[65] Ibidem, p. 92.

[66] BARTHES, R. "Escritores, intelectuais e professores." In: *O Rumor da língua*. São Paulo: Ed. Brasiliense, 1988, p. 321.

[67] Lacerda, op. cit., p. 123.

[68] DELEUZE, G. *Proust e os Signos*, Rio de Janeiro: Forense — Universitária,1987, p. 27.

[69] VYGOTSKY, L.S. *Formação social da mente*. São Paulo: Martins Fontes,1984, p. 72.

[70] Idem, p. 74.

[71] Ibidem, p. 84.

[72] SMOLKA, A.L.B. **A** *criança na fase inicial da escrita: a alfabetização como processo discursivo*. São Paulo: Cortez e Ed. da UNICAMP, 1988. A autora analisando a dinâmica interativa que se produz na sala de aula, assinala nela duas dimensões distintas: a da "tarefa de ensinar", que diz respeito à relação profissional instituída pela escola e a da "relação de ensino", que se constitui nas interações pessoais. "A tarefa de ensinar, organizada e imposta socialmente", baseia-se na relação de ensino, mas, muitas vezes, oculta e distorce essa relação (...) Ou seja, da forma como tem sido vista na escola,a tarefa de ensinar adquire algumas características (é linear, unilateral, estática) porque, do lugar em que o professor se coloca (e é colocado), ele se apodera (nãose apropria) do conhecimento; pensa que o possui e pensa *que sua tarefa é precisamente dar o conhecimento à criança. Aparentemente, então, o aprendizado da criança fica condicionado à transmissão do conhecimento do professor.*"(p.31)

[73] Na escola fundamental nossa atividade é a docência. Não temos atividades de pesquisa e de extensão. E docência ali significa, antes tudo, DAR AULAS.

[74] BARTHES, R. "Escritores, intelectuais e professores." In:_____ *O Rumor da língua*. p. 313.

[75] O conceito de *gênero discursivo*, tal qual elaborado por BAKHTIN, diz respeito aos múltiplos tipos de enunciados, relativamente estáveis e culturalmente produzidos nas diferentes esferas de uso da língua. "*A língua se realiza na forma de enunciados (orais e escritos) concretos e singulares que pertencem aos participantes de uma ou outra esfera da praxis humana. Tais enunciados refletem as condições específicas e o objeto de cada uma dessas esferas de atividade, não só no seu conteúdo (temático) e no seu estilo verbal, isto é na seleção dos recursos léxicos, fraseológicos e gramaticais da língua, mas, sobretudo por sua composição ou estruturação*".[El uso de la lengua se lleva a cabo en forma de enunciados (orales y escritos) concretos y singulares que pertenecen a los participantes de una o otra esfera de la praxis humana. Esos enunciados reflejan las condiciones específicas y el objeto de cada una de las esferas no sólo por su contenido (temático) y por su estilo verbal, o sea por la selección de los recursos léxicos, fraseológicos y *gramaticales de la lengua, sino, ante todo, por su composición o estruturación.* "] ("El problema de los géneros discursivos". In: *Estética de la creación verbal*. México: Siglo Veintiuno Editores, 1985, p. 248)

[76] BARTHES, R. "Escritores, intelectuais e professores."In: *O Rumor da Língua*. p. 314.

[77] BARTHES, p. 324.

[78] BAKHTIN, M. *Estética de la creación verbal*. México: Siglo Veintiuno Editores,1985, p. 281-282.

[79] DELEUZE, G. *Proust e os signos*, Rio de Janeiro: Forense — Universitária,1987, p. 22. (Grifos do autor.)

[80] LACERDA, Nilma Gonçalves. *Manual de tapeçaria*. Rio de Janeiro: Philobiblion/ Fundação Rio, 1986, p 9. (Grifo meu.)

[81] Idem, p. 24.

[82] MEIRELES, Cecília. "*Contemplação*". In:_____*Mar Absoluto*, Rio de Janeiro: Record, 1983, p. 20.

[83] Idem, p. 124.

CONSIDERAÇÕES FINAIS

[1] TARKOVSKI, A. *Esculpir o tempo*. São Paulo: Martins Fontes, 1990, p. 65.

[2] DELEUZE, op. cit., p. 16-17. (Grifos meus).

[3] Idem, p. 15.

[4] VYGOTSKY, L. S. *Pensamento e Linguagem*. São Paulo: Martins Fontes, 1987, p. 6-7.

[5] GUIMARÃES ROSA, op. cit., 1981, p. 66.

[6] Idem, p. 92

[7] SARAMAGO, J. *Ensaio sobre a Cegueira*. São Paulo: Companhia das Letras, 1996.

[8] GUIMARÃES ROSA, op. cit., 1981, p. 64

[9] CANEVACCI, M. (org.) *Dialética do Indivíduo. O indivíduo na natureza, história e cultura*. São Paulo: Brasiliense, 1984, p. 38. (2ª ed.)

[10] TARKOVSKI, op. cit., p. 65.

Referências

ALMEIDA, Guido. *O professor que não ensina*. São Paulo: Summus, 1986.

ANDALÓ, Carmen Sílvia de A. *Fala, professora!: repensando o aperfeiçoamento docente*. Petrópolis, RJ: Vozes, 1995.

ARENDT, H. *A condição humana*. Rio de Janeiro: Forense Universitária, 1991.

ASSUNÇÃO, Maria Madalena S. de. *Magistério primário e cotidiano escolar*. Campinas, SP: Autores Associados,1995.

BAKHTIN, M. *Estética de la creación verbal*. Mexico: Siglo Veintiuno Editores, 2ª ed.,1985 (primeira edição em russo,1979).

BAKHTIN, M. "Autor y personaje en la actividad estética". In: *Estética de la creación verbal*. Mexico: Siglo Veintiuno Editores, 2ª ed, 1985, p. 13-190.

BAKHTIN, M. "De los apuntes de 1970-1971". In: *Estética de la creación verbal*. Mexico: Siglo Veintiuno Editores, 2ª ed, 1985, p. 354-380.

BAKHTIN, M. "El problema de los generos discursivos". In: *Estética de la creación verbal*. Mexico: Siglo Veintiuno Editores, 2ª ed, 1985, p. 248-293.

BAKHTIN, M. "El problema del texto en la lingüística, la filologia y otras Ciências Humanas. Ensayo de análisis filosófico." In: *Estética de la creación verbal*. Mexico: Siglo Veintiuno Editores, 2ª ed, 1985, p. 294-323.

BAKHTIN, M. *"Hacia una Metodologia de las Ciências Humanas"*. In: *Estética de la creación verbal*. Mexico: Siglo Veintiuno Editores, 2ª ed, 1985, p. 381-393.

BAKHTIN, M. *Marxismo e filosofia da linguagem*. São Paulo: Hucitec, 1986.

BAKHTIN, M. *Questões de literatura e estética (A Teoria do Romance)*. São Paulo: Hucitec/Ed. UNESP,1988.

BARROS, Manoel de."Desejar ser". *Folha de São Paulo*, São Paulo, 10 de fevereiro de 1996. Ilustrada.

BARTHES, R. "Escritores, intelectuais e professores". In: *O rumor da língua*. São Paulo: Ed. Brasiliense, 1988, p. 313-332.

BEAUVOIR, Simone de. *O segundo sexo*. São Paulo: Difusão Européia do Livro, v.II, 1967, p. 206.

BECKER, F. *A epistemologia do professor: o cotidiano da escola*. Petrópolis, RJ: Vozes, 1993.

BENJAMIN, W."Sobre o conceito da História".In: *Magia e técnica, arte e política*. Ensaios sobre literatura e história da cultura. São Paulo: Brasiliense, 1987, p. 222-232. (Obras escolhidas, vol. I.)

BENJAMIN, W. "O Narrador – Considerações sobre a obra de Nikolai Leskov". In: *Magia e técnica, arte e política*. Ensaios sobre literatura e a história da cultura. São Paulo: Brasiliense, 1987, p. 197-221. (Obras escolhidas, v..I)

BORGES, Jorge Luis. História da eternidade. In: *Obras completas* (vol. 1). Rio de Janeiro: Ed. Globo, 1998, p. 285-470.

BOSI, E. *Memória e sociedade: lembranças de velhos*. São Paulo: T. A. Queiroz Ed., 1987.

BRANDÃO, C. R. *O que é educação*. São Paulo: Brasiliense, 1981.

BRANDÃO, C. R. "O educador: exercícios de compreensão do trabalho do trabalhador da educação". In: *Lutar com a palavra*. Rio de Janeiro: Graal, 1985, p. 105-118.

CALDEIRA, T. P. do Rio. *A política dos outros. O cotidiano dos moradores da periferia e o que pensam do poder e dos poderosos*. São Paulo: Brasiliense, 1984.

CALVINO, I. *O castelo dos destinos cruzados*. São Paulo: Companhia das Letras, 1994.

CANEVACCI, M. *A dialética do indivíduo*. São Paulo: Brasiliense,1984.

COLASANTI, M. "À procura de um reflexo". In: *Doze reis e a moça no labirinto do vento*. São Paulo: Círculo do Livro, 1982.

CORIA, C. *El sexo oculto del dinero: formas de la dependencia feminina*. Barcelona: Argot, 1987.

DEJOURS, C. *A loucura do trabalho: estudo de psicopatologia do trabalho*. São Paulo: Cortez/Oboré, 1992.

DELEUZE, G. *Proust e os signos*. Rio de Janeiro: Forense/Universitária, 1987.

DIAMOND, P. *Writing to reclaim self: The use of narrative in teacher education*. Teaching and Teacher Education, v. 9, n. 5/6, 1993, p. 511-517.

DOURADO, Autran. *Uma vida em segredo*. Rio de Janeiro: Livraria Francisco Alves Ed.,1964.

DUARTE, N. *A individualidade para si* (Contribuição a uma teoria histórico-social da formação do indivíduo). Campinas, SP: Ed.Autores associados, 1993.

ENDE, M. *A história sem fim*. São Paulo: Martins Fontes, 1988.

ENGUITA, Mariano F. *A Face oculta da escola: educação e trabalho no capitalismo*, Porto Alegre: Artes Médicas, 1989.

FERNANDEZ, Alícia. *A mulher escondida na professora: uma leitura psicopedagógica do ser mulher, da corporalidade e da aprendizagem.* Porto Alegre: Artes Médicas, 1994.

FERRAROTI, F. "Sobre a autonomia do método biográfico". In: NÓVOA, A. e FINGER, M. (eds.) *O método autobiográfico e a formação.* Lisboa: Ministério da Saúde, 1988.

FONSECA, M. A. *Michel Foucault e a constituição do sujeito.* São Paulo: EDUC- Ed. da PUC-SP, 1995.

FOUCAULT, M. *A arqueologia do saber.* Rio de Janeiro:Forense Universitária, 1986.

FOUCAULT, M. *Microfísica do poder.* Rio de Janeiro: Graal, 1979.

GAGNEBIN, J. M. "Walter Benjamin ou a história aberta". In: BENJAMIN, W. *Magia e técnica, arte e política.* São Paulo: Ed. Brasiliense, 1987, p. 115-116. (Obras escolhidas – v. I)

GERALDI, J. Wanderley. "A constituição do sujeito leitor". In: *Módulo I: Fundamentos de estudos da linguagem.* Campinas: UNICAMP/VITAE/SEE, 1993, p. 13.

GIROUX, H. *Teoria crítica e resistência em educação. Para além das teorias da reprodução.* Petrópolis: Vozes, 1986.

GOES, M. Cecília R.de."A natureza social do desenvolvimento psicológico". *Cadernos CEDES*, Campinas: Papirus, n. 24, 1991, 17:24.

GOMES, Nilma Lino. *A mulher negra que vi de perto.* Belo Horizonte, MG: Mazza Edições,1995.

GOUVEIA, Aparecida J. *Professoras de amanhã: um estudo da escolha ocupacional.* São Paulo: Pioneira, 1970.

GUIMARÃES ROSA, J. *Grande sertão: Veredas.* Rio de Janeiro: Ed. José Olympio, 1980.

GUIMARÃES ROSA, J. *Primeiras estórias,* Rio de Janeiro: Ed. José Olympio, 1981.

HELLER, Agnes. *Sociologia della Vita quotidiana.* Roma: Ed. Riuniti,1987.

HENRIQUES, J. et alii. *Changing the subject.* Londres, Methuen & Co. Ltd., 1984.

HICKMANN, M. e WERTSCH, J. "Adult-child discourse in problem solving situations." In: *Papers form the 14th Meeting of Chicago Linguistics Society.* Chicago, USA, 1978.

HOLLAND, Dorothy. *Selves as cultured: as told by an anthropologist who lacks a soul.* Comunicação apresentada na Conferência *Self and Identity,* organizada por R. Ashmore e L. Jussim, Rutgers University, abril, 1995. (No prelo.)

KELCHTERMANS, G. "Getting the story, understanding the lives: from carreer stories to teachers' professional development". In: *Teaching and Teacher Education*, v. 9, n. 5/6, 1993, p. 443-456.

KRAMER, S. *Por entre as pedras: arma e sonho na escola.* São Paulo: Ática, 1993.

LACERDA, Nilma Gonçalves. *Manual de tapeçaria.* Rio de Janeiro: Philobiblion/Fundação Rio, 1986.

BENTOLILA, A. (org.) *Les Entretiens Nathan: Savoirs et Savoir-faire.* Paris,1995. Direction Alain Bentolila. Paris: Éditions Nathan,1985.

LISPECTOR, Clarice. *A hora da estrela,* Rio de Janeiro, Ed. Record, 1996.

LOPES, E. M. T. "Apresentação". In: GOMES, *op. cit.*

LOPES, E. M. T. "Prefácio". In: ASSUNÇÃO, M. M. S. de. *Magistério primário e cotidiano escolar.* Campinas, SP: Autores Associados,1996.

LURIA, A. R. *Desenvolvimento cognitivo: seus fundamentos culturais e sociais.* São Paulo: Ícone, 1994.

MAGNANI, Maria do Rosário M. (1993). *Em sobressaltos: formação de professora.* Campinas, SP: Editora da UNICAMP, 1993.

MANACORDA, M. (1992) *História da Educação: da antigüidade aos nossos dias.* São Paulo: Cortez/Autores Associados,1992.

MEIRELES, Cecília. "Retrato". In: *Poesia Completa.* Rio de Janeiro: Nova Aguilar, 1994.

MEIRELES, Cecília. *Mar absoluto e outros poemas.* Rio de Janeiro: Record, 1983.

MELLO, Guiomar Namo de. *Magistério de 1º grau*: da competência técnica ao compromisso político. São Paulo: Cortez/Autores Associados, 1981.

NOVAES, Maria Eliana. *Professora primária, mestra ou tia.* São Paulo: Cortez, 1984.

NÓVOA, A. (org.) *Profissão professor.* Porto, Portugal: Porto Ed.Ltda, 1991.

NÓVOA, A. (org.) *Vidas de professores.* Porto, Portugal: Porto Editora, 1992.

OLIVEIRA, Betty e DUARTE, Newton. *A socialização do saber escolar.* São Paulo: Cortez/Autores Associados, 1990.

ORLANDI, E. *A linguagem e seu funcionamento*: as formas do discurso. Campinas, SP: Pontes, 1987.

ORLANDI, E. *Discurso e leitura.* Campinas, SP: Cortez/Editora da Unicamp, 1988.

ORLANDI, E. *As formas do silêncio: no movimento dos sentidos.* Campinas, SP: Editora da UNICAMP, 1995.

ORLANDI, E. *Interpretação: autoria, leitura e efeitos do trabalho simbólico.* Petrópolis, RJ: Vozes, 1996.

PENIN, Sonia T. de S. *Escola e cotidiano.* São Paulo: Cortez, 1989.

PENIN, Sonia T. de S. "Cotidiano escolar e ensino: conhecimento e vivência." *Revista ANDE,* n. 19, 1993.

PENIN, Sonia T. de S. "A professora e a construção do conhecimento sobre o ensino". *Cadernos de Pesquisa,* São Paulo, n. 92, fev. 1995, p. 5-15.

PEREIRA, Luiz. *O Magistério primário numa sociedade de classes.* São Paulo: Pioneira,1969.

PEREIRA, Lusia Ribeiro (1996) *De donzela angelical e esposa dedicada... a profissional da educação: A presença do discurso religioso na formação da professora.* Faculdade de Educação, USP, 1996. (Tese, Doutorado em História da Educação.)

POLITZER, G. *Crítica dos fundamentos da psicologia.* Lisboa: Presença, 1973.

POLITZER, G. "Psicologia mitológica e psicologia científica". In: *Os fundamentos da psicologia,* Lisboa: Prelo, 1977, p. 73-160.

PRADO, Adélia."Paixão". In: *Poesia reunida,* São Paulo: Siciliano, 1991.

ROSA, Maria Inês. *Trabalho, subjetividade e poder.* São Paulo: EDUSP/ Letras & Letras,1994.

SARAMAGO, J. *Ensaio sobre a cegueira.* São Paulo: Companhia das Letras, 1996.

SAVIANI, D. *Pedagogia Histórico-Crítica: primeiras aproximações.* São Paulo: Cortez/Autores Associados,1991.

SAVIANI, D. *Escola e democracia.* São Paulo: Cortez/Autores Associados, 1984.

SCHAFF, A. *O Marxismo e o indivíduo.* Rio de Janeiro: Ed. Civilização Brasileira. [s.d.]

SILVA, Ezequiel T. da. *Professor de 1º grau: identidade em jogo.* Campinas, SP: Papirus, 1995.

SILVA, T. T. (org.) *Trabalho, educação e prática social:* por uma teoria da formação humana. Porto Alegre: Artes Médicas,1991.

SILVA, T. T. "O trabalho docente: um processo de trabalho capitalista?". In: *O que produz e o que reproduz em educação.* Porto Alegre: Artes Médicas, 1992, p. 174-183.

SMOLKA, A. L. B. *A criança na fase inicial da escrita: a alfabetização como processo discursivo*. São Paulo: Cortez/Ed. da UNICAMP,1988.

SMOLKA, A. L. B. "A prática discursiva na sala de aula: uma perspectiva teórica e um esboço de análise". *Cadernos CEDES*, Campinas: Papirus, n. 24, 1991.

SMOLKA, A. L. B. et alii. "A questão dos indicadores de desenvolvimento: apontamentos para discussão". *Caderno de desenvolvimento infantil*, Pastoral da Criança, CNBB, v. 1, n°1, 1994.

SMOLKA, A. L. B; GÓES, M. C. R. de e PINO, A."The constitution of the subject: a persistente question". In: WERTSCH, J; Del RIO, P. e ALVAREZ, A. (orgs.) *Social Cultural Studies of Mind*. Cambridge, 1995.

SNYDERS, G. *Escola, classe e luta de classes*. Lisboa: Moraes, 1981.

SOARES, Magda. *Metamemória – Memórias. Travessia de uma educadora*. São Paulo: Cortez, 1991.

SOUZA, Aparecida Neri de. *Sou professor, sim senhor!* Campinas, SP: Papirus, 1996.

TARKOVSKI, A. *Esculpir o tempo*. São Paulo: Martins Fontes, 1990.

THOMPSON, E. "O tempo, a disciplina do trabalho e o capitalismo industrial." In: SILVA, T. T. *op. cit.*

VELHO, G. *Individualismo e cultura*. Rio de Janeiro: Zahar Ed., 1981.

VELOSO, Caetano."Trilhos Urbanos." *Literatura comentada*. São Paulo: Editora Nova Cultural, 1988, p. 107.

VELOSO, Caetano. "Cajuína".In: op. cit., p. 109.

VYGOTSKY, L. S. "Problemas de método". In:_____ *A Formação social da mente*. São Paulo: Martins Fontes, 1984.

VYGOTSKY, L. S. "The Concrete Human Psychology — Um manuscrito inédito de Vygotsky". *Psikhologiya*, Moscou, n. 1, 1986, p. 51-64. (Tradução Enid A. Dobránszky.)

VYGOTSKY, L. S. *Pensamento e linguagem*. São Paulo: Martins Fontes, 1987.

WALLON, H. "O papel do outro na consciência do eu". In: WEREB, M. J. G. e NADEL-BRULFERT, J. (orgs.) *Henri Wallon*. São Paulo: Ática, 1986, p. 158-167.

WEIL, Simone. *A condição operária e outros estudos sobre a opressão*. In: Bosi, E. (org.). Rio de Janeiro: Paz e Terra, 1979.

QUALQUER LIVRO DO NOSSO CATÁLOGO NÃO ENCONTRADO NAS LIVRARIAS PODE SER PEDIDO POR CARTA, FAX, TELEFONE OU PELA INTERNET.

Rua Aimorés, 981, 8º andar – Funcionários
Belo Horizonte-MG – CEP 30140-071

Tel: (31) 3222 6819
Fax: (31) 3224 6087
Televendas (gratuito): 0800 2831322

vendas@autenticaeditora.com.br
www.autenticaeditora.com.br

ESTE LIVRO FOI COMPOSTO EM TIPOGRAFIA PALATINO
E IMPRESSO EM PAPEL OFF SET 75 G NA FORMATO ARTES GRÁFICAS